Freude an winzigen Gärten

Emma Hardy

Freude an winzigen Gärten

Ungewöhnliche Pflanzideen für drinnen und draußen

Bassermann Inspiration

ISBN 978-3-572-08144-8

1. Auflage

Das Buch ist erstmals 2013 unter dem Titel *teeny tiny gardening* bei CICO Books, einem Unternehmen der Verlagsgruppe Ryland Peters & Small Ltd, New York und London, erschienen.

Umschlaggestaltung: Atelier Versen, Bad Aibling
Gestaltung: Geoff Borin
Fotos: Debbie Patterson
Illustrationen: Jane Smith
Projektkoordination: Herta Winkler
Übersetzung: Dr. Wolfgang Hensel
Gesamtproducing: berliner buch.macher

Printed in China

Inhalt

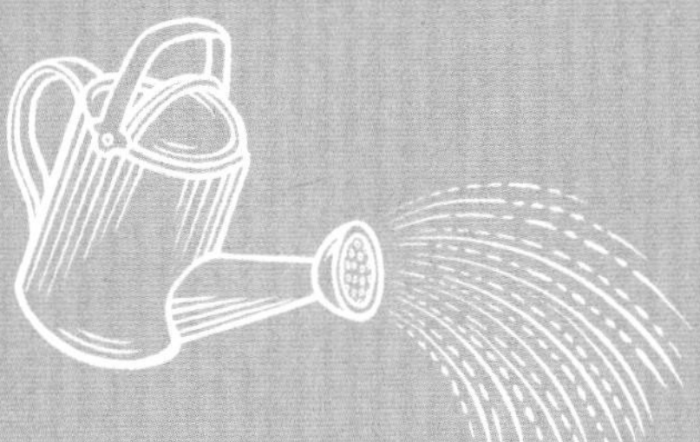

Einleitung

Kleine Pflanzgefäße sind eine großartige Sache, wenn es an Platz mangelt oder wenn Sie einfach Spaß daran haben, auf überschaubarem Raum zu gärtnern. Dieses Buch will dazu anregen, drinnen wie draußen reizvolle Mini-Gärten zu gestalten, mit den unterschiedlichsten Gefäßen und einer Vielfalt prächtiger Pflanzen. Ganz gleich, ob Sie eher kurzlebigen Pflanzenschmuck für besondere Gelegenheiten suchen oder lieber ein Gärtchen für leckere Ernten anlegen möchten – hier finden Sie zahlreiche Anregungen: vom Gemüseanbau in einer Holzkiste über Obst im nostalgischen Brotkasten bis zum fröhlichen Dinosauriergarten für Kinder und bezaubernden Sukkulenten in Wassergläsern.

Zu jedem vorgestellten Projekt gibt es eine Material- und Pflanzenliste sowie eine einfache Schritt-für-Schritt-Anleitung. Sie können die Pflanzenvorschläge genau befolgen oder sich davon zu eigenen Ideen inspirieren lassen. Was Sie brauchen, finden Sie meist schon im nächsten Gartencenter; Internet-Versender von Pflanzen und Zubehör erfüllen auch speziellere Wünsche.

Für die meisten Bepflanzungen empfehle ich als Substrat eine gute Blumen- bzw. Universalerde, sofern nichts Spezielleres verlangt wird. Es macht wenig Sinn, sich gleich eine Sammlung verschiedener Substrate zuzulegen. Mit wachsender Erfahrung (und vielleicht auch mehr Platz) lohnt es sich dann eher, mit unterschiedlichen Substraten zu experimentieren. Doch für die meisten Mini-Gärten ist eine hochwertige Marken-Blumenerde die beste Lösung. Zu den nützlichen Investitionen gehören auch ein paar Werkzeuge von guter Qualität: Mit einer Hand- bzw. Pflanzschaufel, einer guten Gartenschere und einer Gießkanne mit feiner Brause verfügen Sie schon über eine brauchbare Grundausstattung.

Machen Sie sich am besten zunächst mit den praktischen Grundlagen (S. 8–11) vertraut, bevor Sie loslegen. Dort werden auch im Buch öfter verwendete Begriffe erläutert, außerdem finden Sie Tipps zu Gefäßen und Materialien. Sehen Sie sich nach interessanten Behältnissen um, die sich als Pflanzgefäße recyceln und umwidmen lassen und so zum ungewöhnlichen Blickfang werden können.

Ich hoffe, dass Sie in diesem Buch viele Ideen finden, um zauberhafte Gartenprojekte zu verwirklichen, und sich zudem inspirieren lassen, eigene Miniatur-Gärtchen zu entwerfen und zu gestalten.

Praktische Grundlagen

Gärtnern im Mini-Maßstab erfordert kaum besondere Methoden. Doch auf den folgenden Seiten finden Sie grundlegende Ratschläge und Tipps sowie Erklärungen für einige der Begriffe, die immer wieder auftauchen.

Gefäße und Pflanzen auswählen

Hübsche Gärtchen lassen sich in vielerlei Behältnissen anlegen, selbst in alten Teetassen, Holzschubladen und Emailleschüsseln. Es gibt allerdings ein sehr wichtiges Kriterium: Das Gefäß muss am Boden wenigstens ein Dränageloch für den Wasserabfluss haben oder sich entsprechend durchbohren lassen. Ein Behältnis ohne Dränageloch taugt allenfalls für den Zimmergarten, wo Sie jederzeit die Feuchtigkeit der Erde genau kontrollieren und mit Fingerspitzengefühl nachgießen können.

Wählen Sie für Ihre Gärtchen sorgfältig geeignete Pflanzen aus. Suchen Sie bevorzugt nach Zwerg- und Miniaturformen sowie kompakten Sorten, wie sie z. B. von Steingartenpflanzen, Zwiebelblumen und Rosen angeboten werden, oder wählen Sie langsam wachsende Pflanzen wie Koniferen (etwa so wie im Immergrünen Garten auf S. 84–85).

Töpfe und Pflanzen vorbereiten

Nachdem Sie geeignete Pflanzen und Gefäße ausgesucht haben, fallen vor dem Einpflanzen noch einige wichtige Vorbereitungen an:

- **Dränagelöcher bohren** Die wenigsten Pflanzen (abgesehen von Sumpf- und Wasserpflanzen) mögen ständig nasse Erde; daher muss überschüssiges Wasser auf jeden Fall ablaufen können. Hat das Gefäß keine Dränagelöcher am Boden, helfen Sie mit einem Bohrer oder – bei robustem Material – mit kräftigen Nägeln und einem Hammer nach.

- **Scherben auslegen** Decken Sie die Dränagelöcher mit Tonscherben ab, damit die Erde nicht die Löcher verstopft und den Abfluss behindert. Zerschlagen Sie mit dem Hammer alte Blumentöpfe oder Ziegel (Vorsicht vor Splittern!) und heben Sie überschüssige Scherben für künftige Projekte und Umtopfaktionen auf.

- **Gefäße vorbereiten** Zum Vorbeugen gegen Krankheiten und Schädlinge werden alle Gefäße vor dem Bepflanzen innen und außen mit warmer Seifenlauge abgewaschen und dann gründlich ausgespült.

- **Wurzeln auflockern** Pflanzen, die schon lange in ihren Verkaufstöpfen standen, haben häufig stark verfilzte Wurzeln. Sie müssen aufgelockert werden, damit sie sich nach dem Umpflanzen gut ausbreiten. Drücken Sie Ihre Fingerspitzen in den Ballen und ziehen Sie die Wurzeln vorsichtig auseinander, ohne sie zu beschädigen.

- **Den Ballen durchfeuchten** Stellen Sie Pflanzen vor dem Einsetzen mindestens 10 Minuten in einen Eimer mit Wasser, bis ihr Erdballen gut durchfeuchtet ist.

Oben links: *Eine im Gefäß ausgelegte Folie bewahrt die Feuchte, muss aber ein paar Dränagelöcher erhalten.*

Geeignete Substrate

Als Substrate bezeichnet man Erdmischungen, oft mit Zusatzstoffen und Düngern. Für Topf- und Balkonpflanzen werden sie meist unter der Bezeichnung Blumenerde angeboten, teils auch als Universal-, Pflanz- oder Topferde. Solche Fertigerden verdichten bei guter Qualität kaum und bleiben gut wasserdurchlässig, sind keim- und unkrautfrei und speichern Wasser und Nährstoffe gut. Die meisten dieser Erden bestehen hauptsächlich aus Torf.
Mittlerweile werden aber auch torffreie, umweltfreundlichere Substrate angeboten. Nach Verwendungszweck unterscheidet man Erden und Substrate für:

- **Samen und Stecklinge** Aussaat- und Stecklingserden sind steril, leicht und enthalten kaum Nährstoffe. Damit sind sie ideal für zarte Wurzeln.

- **Einjährige und Stauden** Hierfür eignen sich Qualitäts-Blumenerden mit hohem Nährstoffgehalt, um das Wurzel- und Blattwachstum zu fördern, und mit gutem Wasserspeichervermögen.

- **Dauerbepflanzungen** Pflanzen, die langfristig im Topf wachsen sollen, benötigen ein besonders strukturstabiles, dauerhaft wasserdurchlässiges Substrat mit Langzeitdünger. Hierfür gibt es ausgewiesene Pflanzerden und Kübelpflanzerden.

- **Spezialerden** Einige Pflanzen haben besondere Ansprüche an ihr Substrat. Ausgewiesene Spezialerden empfehlen sich z. B. für Kakteen (sandreich, sehr gut wasserdurchlässig), für Rosen (mit abgestimmter Nährstoffmischung und dem richtigen pH-Wert) und für Wasserpflanzen (im „Üppigen Wassergarten" auf S. 102–103 geht's auch ohne Erde).

Eine gute, geeignete Topferde ist entscheidend für erfolgreiches Gärtnern in Gefäßen. Wählen Sie das bestmögliche Substrat und Sie werden mit kräftigen, gesunden Pflanzen belohnt. Alternativ können Sie auch eigene Erden mit Gartenkompost herstellen – aber Vorsicht, für Aussaaten sind diese zu nährstoffreich und kaum geeignet. Torfhaltige Fertigerden haben sich zwar bewährt, trocknen aber recht schnell aus. Außerdem trägt der Torfabbau zur Zerstörung von Moorlandschaften bei. Heute gibt es für fast alle Zwecke auch torffreie Erden, die schon vielfach ihre Praxistauglichkeit bewiesen haben.

Zusatzstoffe

Den Erden untergemischter Kies und Sand verbessern die Dränage und kommen allgemein dem Pflanzenwuchs zugute. Bevorzugen Sie für kleine Pflanzen mit feinen Wurzeln Sand statt Kies (am besten Quarzsand). Sand oder Kies sind besonders für Kakteen, Sukkulenten und Steingartenpflanzen unentbehrlich.

Oben: *Investieren Sie in Erden von guter Qualität, damit Ihre Pflanzen gesund wachsen. Spezialerden verhelfen Pflanzen mit besonderen Ansprüchen an Substrat und Nährstoffe zu einem guten Start.*

Als lockernde Zusatzstoffe werden in Gartencentern öfter auch Vermiculit (beige oder graue Tonminerale) und Perlit (natürlich aufgeblähtes vulkanisches Glas) angeboten. Sie fördern die Dränage und Belüftung im Substrat und sind deshalb hilfreich, aber nicht zwingend nötig.

Mulch und Deko-Auflagen

Als Mulch bezeichnet man Materialien zum Abdecken der Erdoberfläche. Sie helfen, die Feuchtigkeit zu halten, dienen aber auch als dekoratives Element. Kies beispielsweise bewahrt die

Links *Eine Mulchdecke aus Kieselsteinen hält die Blätter von der feuchten Erde fern und bietet einen dekorativen Anblick.*

Blätter zudem vor direktem Kontakt mit dem feuchten Substrat – nützlich für Kakteen und Sukkulenten. Kies wird von Gartencentern und Internet-Versendern in vielen Größen und Farben angeboten. Auch Splitt, Schiefer, Stein- und Marmorbruch, Muschelschalen, Sand oder Glassplitter eignen sich als Mulch und sind in zahlreichen Formen und Farben erhältlich.

Pflanzenpflege

Nachdem das Gefäß bepflanzt ist und die neuen Pflanzen gut wachsen, brauchen sie Zuwendung, damit der Mini-Garten auch längerfristig seinen Reiz behält – ganz wie im „richtigen" Garten oder bei großen Kübelpflanzen. Die wichtigsten Pflegemaßnahmen sind:

• **Gießen** Der Wasserbedarf verschiedener Pflanzen unterscheidet sich enorm. Grundsätzlich müssen Sie während der Wachstumszeit am meisten gießen. Die Erde in Gefäßen trocknet schneller aus als der Boden im Garten. Und je kleiner der Topf, desto häufiger müssen Sie gießen. Halten Sie die Erde gleichmäßig feucht, indem Sie im Sommer täglich gießen, bei Hitze auch zweimal. An sehr heißen Tagen kann es nötig werden, die Töpfe an einen schattigen Platz zu bringen. Gießen Sie möglichst abends; dann verdunstet weniger Wasser als beim morgendlichen Gießen. Überprüfen Sie regelmäßig die Feuchtigkeit in der Topferde. Wenn eine Pflanze öfter die Blätter hängen lässt, müssen Sie etwas häufiger gießen. Denken Sie bei Pflanzen im Terrarium daran, sie gelegentlich mit einer Sprühflasche einzunebeln.
Wasserspeichergranulat wird von Gartencentern und Online-Versendern angeboten. Gerade in kleinen Gefäßen, die schnell austrocknen, kann das nützlich sein.
Die Granulatkörnchen geben das Wasser langsam an die Wurzeln ab. Mischen Sie das Granulat vor dem Bepflanzen gründlich unter die Erde. Sollte einmal eine Pflanze austrocknen, tauchen Sie den gesamten Topf bis zur Erdoberfläche – aber unterhalb der Blätter – in Wasser, z. B. in einem Eimer. Stellen Sie den Topf für mindestens eine halbe Stunde ins Wasser, bis die Erde wassergesättigt ist (wenn nötig, den Topf beschweren). Lassen Sie danach die Erde etwas abtrocknen. Die Pflanze sollte sich dann innerhalb weniger Stunden wieder erholen.

• **Düngen** Der Handel bietet zahlreiche Düngermischungen an, für den allgemeinen Gebrauch, etwa bei Balkon-, Blüten- oder Blattpflanzen, und als Spezialdünger, z. B. für Rosen oder Tomaten.
Langzeitdünger geben ihre Nährstoffe allmählich und über viele Wochen an die Wurzeln ab. Sie werden schon vorm Einpflanzen oder später mit einem Handgrubber ins Substrat gemischt. Die Alternative sind Flüssigdünger, die wöchentlich oder 14-tägig in Wasser verdünnt ausgegossen werden (Herstellerangaben beachten).
Langfristig kann sich ein Wurmkomposter lohnen, denn er liefert fantastische Topferde und eine hervorragende Düngebrühe, sofern Ihnen der Geruch nichts ausmacht.
Für eine schnelle Sofortwirkung bei Nährstoffmangel gibt es Blattdünger, die direkt auf die Pflanze gesprüht werden. Sie ersetzen allerdings nicht die regelmäßige Düngung. Sprühdünger dürfen nicht in der vollen Sonne verwendet werden, damit die Blätter nicht verbrennen.

• **Ausputzen** Darunter versteht man das Entfernen verwelkter Blüten (und auch welker Blätter). So sehen die Pflanzen nicht nur besser aus, sondern werden auch dazu angeregt, neue Blüten zu bilden, statt ihre gesamte Energie in die Entwicklung der Samen zu stecken. Putzen Sie die Pflanzen alle paar

Tage aus. Blüten mit dünnen Stielen werden mit den Fingern abgeknipst, Blüten mit dickeren Stielen mit der Gartenschere abgeschnitten. Auf diese Weise wird nicht nur neuer Blütenwuchs angeregt, sondern auch das Risiko von Schädlingen und Krankheiten gesenkt, die sich gern in toten Pflanzenteilen ansiedeln.

Schädlinge und Krankheiten eindämmen

Einige einfache Regeln helfen, störenden Plagegeistern in Ihren schönen Mini-Gärten vorzubeugen:

• Verwenden Sie ausschließlich saubere und trockene Gefäße.

• Kaufen Sie nur gesunde Pflanzen, die weder schwachen Wuchs noch verfärbte Blätter zeigen. Prüfen Sie den Wurzelballen: Er muss frei von Schädlingen und darf nicht allzu verfilzt sein.

• Gute Erde und ein passender Standort fördern gesundes Wachstum und mindern so die Anfälligkeit für Schädlinge und Krankheiten.

• Untersuchen Sie die Pflanzen regelmäßig auf Befallsanzeichen.

Blattläuse sind verbreitete Schädlinge, die die Pflanzen durch Saugen schwächen. Sie sollten sofort entfernt werden. Gegen sie gibt es käufliche Pflanzenschutzmittel; oft hilft aber schon das Spritzen mit Wasser, dem etwas Spülmittel zugegeben wird. Sie können die Blattläuse auch vorsichtig mit der Hand abstreifen – dies aber gründlich und regelmäßig.
Grauschimmel (*Botrytis*) ist eine Pilzkrankheit, die häufig bei hoher Luftfeuchte und schlechter Belüftung auftritt. Sie äußert sich als grauer, staubiger Belag, der sich auf Blättern und Trieben rasch ausbreitet. Sorgen Sie für bessere Belüftung und setzen Sie notfalls ein dafür zugelassenes Pilzmittel ein. Versuchen Sie aber, möglichst ohne chemische Pflanzenschutzmittel auszukommen und naturnah zu gärtnern. Vorbeugen und frühes Eingreifen erspart oft den Einsatz härterer Maßnahmen.

Links: *Putzen Sie Rosen aus, indem Sie die welken Blüten direkt über einem Blattknoten wegschneiden. Das fördert die Bildung neuer Blüten.*

Nützliche Geräte und Zubehör

Hier einige Anregungen für Werkzeuge und anderes nützliches Zubehör für das erfolgreiche Gärtnern im Miniaturformat. Die Liste ist sicher nicht vollständig und führt keine Geräte für spezielle Zwecke auf (die jeweils bei den Projekten genannt werden).

Esslöffel

Gartenschere

Gießkanne (klein, mit feiner Brause)

Hammer und dicke Nägel (um Dränagelöcher einzuschlagen)

Handgrabegabel

Handgrubber

Handschaufel

Handschuhe

Pflanzenetiketten (Steckschilder)

Schere

Sprühflasche

Teelöffel

Kapitel 1

fröhlich & attraktiv

Eierschalen-Gärtchen

Lassen Sie Veilchen, Vergissmeinnicht und Moosfarne aus Eierschalen in Pastellfarben sprießen. Wählen Sie Pflanzen mit kleinen Wurzeln und überprüfen Sie häufig, ob die Erde noch feucht ist, damit Ihr Tischgarten stets gut aussieht. Verblühte Pflanzen lassen sich hier besonders einfach durch neue ersetzen.

Material

Messer

Eier

Stecknadel

Blumenerde (wenn nötig, durchsieben)

Moos (vom Floristikgeschäft)

Eierhalter oder alte Eierbecher

Pflanzen:

Vergissmeinnicht (*Myosotis sylvatica*)

Krauss' Moosfarn (*Selaginella kraussiana*)

Mini-Stiefmütterchen (*Viola* x *cornuta*) mit weißen Blüten

Duftveilchen (*Viola odorata*)

1 Schneiden Sie die Spitze des Eis mit dem Messer ab und gießen Sie den Inhalt aus; dann gründlich ausspülen. Stechen Sie mit der Stecknadel kleine Dränagelöcher in den Eierschalenboden und füllen Sie mit einem Löffel Erde ein (genug Platz für die Wurzeln lassen).

2 Setzen Sie in jede Schale eine Pflanze ein und füllen Sie Erde auf, falls nötig. Drücken Sie etwas Moos auf die Oberfläche. Stellen Sie die bepflanzten Eierschalen in einen Halter oder als hübsche Tischdekoration einzeln in Eierbecher. Wenn Sie bei den Mini-Stiefmütterchen und Veilchen regelmäßig Verblühtes ausputzen, blühen sie viele Wochen lang.

Schmucke Teetassen

Sammeln Sie alte Tassen und Untertassen, um Ihren Tag mit einem hübschen Tischgarten zu verschönern. Wenn Sie sich trauen, bohren Sie mit einem Porzellanbohrer vorsichtig Dränagelöcher in die Tassenböden. Füllen Sie andernfalls den Tassengrund mit Kies auf und gießen Sie mit viel Fingerspitzengefühl.

Material

feiner Kies

Teetassen und Untertassen

Blumenerde, vermischt mit Kies, oder Dachgartenerde

Bepflanzungsvorschläge:

Zwerg-Grasnelke (*Armeria juniperifolia*) in weißer Tasse mit Dekomuster

Mini-Clematis (*Clematis marmoraria*) in rosa Tasse

Winterling (*Eranthis cilicica*) in weißer, innen blauer Tasse

Fuchstrauben-Schachblume (*Fritillaria uva-vulpis*) in türkisfarbener Tasse

Meeralpenprimel (*Primula marginata*) in weißer Tasse mit Blumenmotiv

Zwerg-Steinbrech (*Saxifraga* 'Penelope') in gelber Tasse

Steinbrech (*Saxifraga* x *petraschii*) in grauer Tasse mit weißem Blumenmotiv

Mauerpfeffer (*Sedum*-Arten) in gelber Tasse mit Goldrand

1 Füllen Sie in jede Tasse zunächst rund einen Esslöffel voll feinen Kies ein; er dient als Dränageschicht.

2 Bringen Sie darüber so viel Erde aus, dass noch genug Platz für die Pflanze und ihre Wurzeln bleibt.

Tipp:

Wählen Sie zarte Steingartengewächse und andere zierliche Pflanzen. Schön machen sich auch kleine Zwiebelblumen wie Schneeglöckchen, Zwergnarzissen und Traubenhyazinthen, die im Frühjahr prächtig blühen.

3 Nehmen Sie die Pflanze aus dem Verkaufstopf und schütteln Sie überschüssige Erdreste ab. Setzen Sie die Pflanze in die Tasse und füllen Sie rundum frische Erde ein, bis die Pflanze guten Halt hat; mit den Fingern etwas festdrücken. Die übrigen Tassen ebenso bepflanzen.

4 Streuen Sie etwas feinen Kies über die Oberfläche, bis sie völlig bedeckt ist. Gießen Sie so, dass die Erde durchfeuchtet wird, aber nicht klatschnass. Entfernen Sie regelmäßig Verblühtes, damit die Pflanzen immer wieder neue Blüten entfalten.

Frühlings-Pflanzkorb

Gestalten Sie einen Frühlingsgarten im Korb mit betörend duftenden weißen Narzissen, begleitet von Traubenhyazinthen, Kissenprimeln und Stiefmütterchen. Moos verleiht dem Pflanzkorb ein Flair von Wald. Übersprühen Sie das Moos öfter mit Wasser, damit das Grün nicht verblasst.

Material

Draht-Pflanzkorb

Moos (vom Floristikgeschäft)

grüne oder schwarze Plastikfolie zum Auslegen

Blumenerde

Eimer (optional)

Pflanzen:

Schachbrettblume (*Fritillaria meleagris*)

Traubenhyazinthen (*Muscari armeniacum*), blau und weiß ('Argaei Album')

Paperwhite-Narzisse (*Narcissus papyraceus*)

Kissenprimel (*Primula vulgaris*)

Stiefmütterchen (*Viola* x *wittrockiana*)

1 Kleiden Sie den Drahtkorb mit Moos aus und drücken Sie dieses fest an. Füllen Sie eventuelle Lücken mit kleinen, abgerupften Moosstücken.

2 Schneiden Sie aus der Folie ein passendes rundes Stück zu und legen Sie den Korb damit aus. Schlagen Sie den Folienrand nach innen, sodass er von außen nicht sichtbar ist.

3 Füllen Sie Erde ein, bis die Folie völlig bedeckt ist. Achten Sie darauf, dass genug Platz für die Pflanzen bleibt.

4 Nehmen Sie die Pflanzen aus den Plastiktöpfen und arrangieren Sie sie im Korb; setzen Sie die höheren nach hinten. Pflanzen Sie recht dicht, sodass der Korb später vor Blüten zu bersten scheint.

Tipp:

Im Frühling lässt sich der Korb mit blühenden Jungpflanzen aus dem Gartencenter bepflanzen. Sie können die Zwiebeln aber auch schon im Herbst in den Korb stecken und im Frühling blühende Stiefmütterchen dazu setzen.

5 In einem Eimer lässt sich der Korb zum Bepflanzen bequem abstellen, ohne zu „wackeln“.

6 Sobald Sie mit dem Arrangement zufrieden sind, füllen Sie rundum Erde auf und drücken alles mit den Fingern fest.

7 Gießen Sie behutsam, lehnen Sie sich zurück und genießen Sie Ihr Frühlingsgärtchen!

Aurikel-Theater

Ein Aurikel-Theater bringt diese nostalgisch wirkenden Primelzüchtungen reizvoll zur Geltung. Vor einem dunklen Hintergrund setzen sich die Blüten besonders gut ab, sehen aber auch vor sanftem Grau großartig aus. Aurikeln sind winterhart; da sie keine Staunässe mögen, brauchen sie eine gute Dränage.

Material

Holzregal

Lackfarbe (matt schimmernd, Eggshell-Typ) und Pinsel

Zeitung

feiner Kies

Terrakottatöpfe (10 cm Durchmesser)

Substrat (4 Teile Blumenerde, 1 Teil Kies, 1 Teil Sand)

Pflanzen:

eine Auswahl schöner Garten-Aurikeln (*Primula* x *pubescens*)

1 Wischen Sie mit einem feuchten Lappen den Staub ab und streichen Sie das Holzregal an; Zeitungspapier unterlegen. Lassen Sie die Farbe vollständig trocknen; wenn nötig, ein zweites Mal streichen.

2 Bringen Sie Kies auf dem Topfboden aus und füllen Sie etwas Substrat ein. Nehmen Sie die Pflanzen aus den Plastiktöpfen, setzen Sie sie in die Terrakottatöpfe und füllen Sie Substrat bis 1 cm unter dem Rand auf. Dann gut angießen und abtropfen lassen. Hängen Sie das Regal an einem nicht allzu sonnigen Platz auf und arrangieren Sie darin die Töpfe mit den Aurikeln. Halten Sie das Substrat feucht, aber nicht zu nass.

Einkaufskorb-Rabatte

Stellen Sie eine Auswahl Ihrer Lieblingsblumen zusammen und gestalten Sie damit eine schöne Rabatte in Einkaufskörben – auch wenn Sie keinen Garten haben. Körbe aus geflochtenen Plastikstreifen sind wetterfest und können farbige Akzente setzen, wo immer Sie es wünschen.

Material

schwarze Plastikmüllsäcke zum Auskleiden der Körbe

Einkaufskörbe aus geflochtenem Kunststoff

Tonscherben für die Dränage

Blumenerde

Wasserspeichergranulat (optional)

Pflanzen:

Frauenmantel (*Alchemilla mollis*)

Wiesenkümmel (*Carum carvi*)

Mädchenauge (*Coreopsis grandiflora* 'Early Sunrise')

Schmuckkörbchen (*Cosmos bipinnatus* 'Sonata Carmine' und 'Sonata White')

Nelkenwurz (*Geum* 'Prinses Juliana')

Lavendel (*Lavandula angustifolia* 'Silver Mist')

Orchideenprimel (*Primula vialii*)

Steppensalbei (*Salvia nemorosa* 'Ostfriesland')

1 Schneiden Sie einige Löcher in den Boden des Müllsacks und legen Sie den Korb damit aus. Rollen Sie den Sack oben etwas ein, sodass er unter dem Korbrand endet. Decken Sie die Dränagelöcher mit ein paar Tonscherben ab.

2 Schaufeln Sie Erde ein, bis der Korb etwa halb voll ist. Nun können Sie das Wasserspeichergranulat untermischen, falls gewünscht.

3 Nehmen Sie die Pflanzen aus den Plastiktöpfen; die Wurzeln behutsam mit den Fingern auflockern. Arrangieren Sie die Pflanzen im Korb zu einem ansprechenden Gesamtbild.

4 Füllen Sie Erde auf und drücken Sie diese um die Pflanzen fest. Gießen Sie zum Schluss kräftig.

Tipp:

Gießen Sie bei warmem Wetter lieber alle paar Tage gründlich, statt täglich nur ein bisschen. Putzen Sie regelmäßig Verblühtes aus, um neue Blüten zu fördern, und düngen Sie alle paar Wochen mit Blumendünger.

Lebhafter Pflanzstuhl

Verwandeln Sie einen alten Stuhl in einen farbprächtigen Blumengarten. Ersetzen Sie die Sitzfläche durch einen Pflanzkasten für lebhafte Zinnien, Schmuckkörbchen und andere farbenfrohe Blumen. Der Kasten muss nicht professionell geraten – nach dem Streichen und Bepflanzen ist er nicht mehr zu sehen.

Material

Holzstuhl ohne Sitzfläche

4 Holzleisten mit 10 x 25 cm (für draußen am besten imprägniertes Holz)

Hartfaserplatte (als Boden)

Bohrmaschine und Bohrer

Holzschrauben und Schraubendreher

Farbe für den Außenbereich und Pinsel

schwarze Plastikfolie zum Auskleiden

Tacker und Klammern

Tonscherben für die Dränage

Blumenerde

Pflanzen:

Zauberglöckchen (*Calibrachoa* Noa-Serie 'Tangerine' und C. Superbells-Serie 'Raspberry')

Schmuckkörbchen (*Cosmos bipinnatus* 'Sonata Carmine')

Gazanie (*Gazania* Sunbathers-Serie 'Rumi')

Kapkörbchen (*Osteospermum*)

Zinnie (*Zinnia* 'Zahara Mix')

1 Drehen Sie den Stuhl um und messen Sie die inneren Längen, für die vier Seitenleisten und den Boden. Sägen Sie die Leisten in diesen Längen zu; die beiden längeren Leisten (Vorder- und Hinterseite) so, dass beidseitig die kurzen Leisten daran passen (also verkürzt um die doppelte Dicke der Leisten). Bohren Sie an den Rändern der Platte vor: für je drei Schrauben an den Seiten und je eine vorn und hinten (siehe Bild 3) und bohren Sie je ein Loch in den Rand der beiden längeren Leisten.

2 Schrauben Sie die beiden seitlichen, kürzeren Leisten mit Holzschrauben an der Bodenplatte fest, mithilfe der dort vorgebohrten Löcher.

3 Nun werden die vordere und hintere Leiste durch die vorgebohrten Löcher mit den Seitenleisten verschraubt. Zum Schluss verschrauben Sie die Bodenplatte mit der vorderen und hinteren Leiste zu einem stabilen Kasten. Dränagelöcher im Boden können als Wasserabfluss angebracht werden.

Tipp:

Putzen Sie regelmäßig Verblühtes aus, um neue Blüten zu fördern. Bei warmem Wetter regelmäßig gießen und alle zwei Wochen mit Flüssigdünger versorgen (siehe S. 10) – so bleibt das Stuhlbeet in voller Blüte.

4 Bohren Sie einige Löcher in den verbliebenen Stuhlrahmen und schrauben Sie den Kasten an dessen Unterseite fest.

5 Streichen Sie Stuhl und Kasten in derselben Farbe an; wenn nötig, ein zweites Mal streichen. Lassen Sie die Farbe vollständig trocknen.

6 Schneiden Sie ein passendes Stück Plastikfolie für den Kasten aus (Dränagelöcher nicht vergessen) und tackern Sie es am Holz fest.

7 Legen Sie Scherben über die Dränagelöcher und füllen Sie den Kasten bis zur Hälfte mit Erde auf.

8 Nehmen Sie die Pflanzen aus den Plastiktöpfen. Setzen Sie die größeren nach hinten und die kriechenden an den Rand; gründlich gießen.

Lavendel-Truhe

Lavendel ist eine wunderbare Pflanze. Sein himmlischer Duft und die hübschen Blüten dürfen in keinem Garten fehlen. Außerdem lockt Lavendel Bienen und andere Insekten in den Garten, was nur gut sein kann. In diesem Gestaltungsbeispiel werden fünf Sorten zu einem üppigen Lavendelgarten zusammengestellt.

Material

Metallkiste

Tonscherben für die Dränage

feiner Kies

Blumenerde, vermischt mit Kies, oder Dachgartenerde

Pflanzen:

Lavandula angustifolia 'Silver Mist' (Schmalblättriger Lavendel)

Lavandula 'Regal Splendour'

Lavandula stoechas 'Javelin Compact Blue,' *L. stoechas* 'Sugarberry Ruffles', und *L. stoechas* 'Victory' (Schopflavendel)

1 Bohren Sie Löcher in den Boden des Kastens, falls nötig (siehe S. 8), legen Sie die Scherben darüber und streuen Sie 2–3 cm hoch Kies aus. Füllen Sie den Kasten bis zur Hälfte mit Erde; Kies beimischen, um die Wasserdurchlässigkeit zu verbessern.

2 Nehmen Sie die Pflanzen aus den Plastiktöpfen und lockern Sie die Wurzeln mit den Fingern auf. Arrangieren Sie die Lavendel in der Kiste; setzen Sie die höheren nach hinten. Füllen Sie weitere Erde auf und drücken Sie diese um die Pflanzen fest.

Tipp:

Lavendel liebt vollsonnige Plätze. Schneiden Sie nach der Blüte die verwelkten Blütenstängel zurück, aber nur bis ins Grüne. Ein stärkerer Rückschnitt (um mindestens ein Drittel) erfolgt besser erst im Frühjahr.

Blühende Stehleiter

Eine alte hölzerne Stehleiter gibt dem Blumenarrangement Höhe, kostet nicht viel und präsentiert die Pflanzen sehr wirkungsvoll. Handgefertigte Terrakottatöpfe und verzinkte Metallgefäße mit schönen, duftenden Blumen vermitteln auch auf kleinstem Raum das Flair eines Cottage-Gartens.

Material

hübsche Terrakotta- und Zinktöpfe

Tonscherben für die Dränage

Blumenerde

Holz-Stehleiter

Pflanzen:

Strandgrasnelke (*Armeria maritima* 'Splendens')

Schaftdolde (*Hacquetia epipactis*)

Elfenspiegel (*Nemesia* 'Mirabelle' und *N.* 'Wisley Vanilla')

Edelpelargonie (*Pelargonium* 'Aristo Schoko')

Duftpelargonie (*Pelargonium* 'Pink Capitatum')

Moossteinbrech (*Saxifraga* x *arendsii* 'Schneeteppich')

Schaumblüte (*Tiarella* 'Spring Symphony')

Königskerze, rosa (*Verbascum* 'Jackie in Pink')

Hornveilchen (*Viola cornuta* 'Dolphin')

Stiefmütterchen (*Viola* x *wittrockiana*)

1 Achten Sie darauf, dass die Töpfe sauber sind. Decken Sie die Dränagelöcher in allen Töpfen mit ein paar Tonscherben ab.

2 Füllen Sie ein paar Handvoll Erde ein und nehmen Sie die Pflanzen aus den Plastiktöpfen. Platzieren Sie die Pflanzen beim Einsetzen in der richtigen Höhe, indem Sie, wenn nötig, noch etwas Erde einbringen. Füllen Sie dann Erde rund um die Pflanzen auf, drücken Sie diese fest und gießen Sie gründlich. Arrangieren Sie nun die Töpfe auf der Leiter. Geben Sie den Pflanzen alle paar Wochen Flüssigdünger (siehe S. 10) und putzen Sie regelmäßig Verblühtes aus, um die Nachblüte zu fördern.

Garten mit Strandflair

Eine blau-weiße Schüssel ist das ideale Gefäß für ein stimmungsvolles Strandgärtchen. Es müssen nicht unbedingt „echte" Strandpflanzen sein (sofern Sie nicht tatsächlich am Meer leben): Arten mit blaugrünen bis silbrig weißen Blättern sorgen für das richtige Flair und passen gut zur Strandgrasnelke und Schmucklilie.

Material

große emaillierte Schüssel

Tonscherben für die Dränage

Kies

Blumenerde, vermischt mit Kies, oder Dachgartenerde

kleine und große Muschelschalen

Kieselsteine

Pflanzen:

Schmucklilie, kompakte Sorte (*Agapanthus* 'Charlotte')

Strandgrasnelke (*Armeria maritima* 'Splendens')

Silberflockenblume (*Centaurea pulcherrima*)

Feinstrahlaster (*Erigeron glaucus* 'Sea Breeze')

Gefleckter Hornklee (*Lotus maculatus*)

1 Bohren Sie Dränagelöcher in den Schüsselboden (siehe S. 8) und decken Sie die Löcher mit einigen Tonscherben ab.

2 Streuen Sie ein paar Handvoll Kies auf den Boden der Schüssel. Füllen Sie cann bis etwa zur halben Schüsselhöhe Erde auf (etwas Kies für bessere Dränage untermischen).

Tipp:

Dekorative Muschelschalen gibt es bei Internet-Versendern und teils auch in Gartencentern und Bastelläden zu kaufen. Falls Sie keine bekommen, können Sie die Oberfläche auch ansprechend mit kleinen Kieselsteinchen abdecken.

3 Nehmen Sie die Pflanzen aus den Plastiktöpfen. Verteilen Sie sie so gleichmäßig wie möglich in der Schüssel. Füllen Sie dann Erde rund um die Pflanzen auf und drücken Sie diese mit den Fingern fest.

4 Decken Sie die Erdoberfläche mit den kleinen Muschelschalen ab und arrangieren Sie die Kieselsteine und großen Muscheln rund um die Pflanzen. Gießen Sie dann gründlich an.

Rustikaler Rosengarten

Bringen Sie mit Rosen Farbe und Duft in Ihr Gärtchen. In großen, rustikalen Gefäßen wie einem alten Waschbottich (etwa vom Trödelmarkt) oder halbierten Holzfässern wirken die Rosen nicht nur attraktiv, sondern finden auch genug Platz für ihre Wurzeln. Nach einigen Jahren müssen sie allerdings umgetopft werden.

Material

Waschbottich

Tonscherben für die Dränage

Pflanzerde, am besten Rosenerde

Pflanzen:

Rosensorten: 'Chapeau de Napoléon', 'Cornelia' und 'Gertrude Jekyll'

Filziges Hornkraut (*Cerastium tomentosum*)

1 Sorgen Sie mit einigen Löchern im Boden des Bottichs für eine gute Dränage (siehe S. 8) und breiten Sie darüber Tonscherben aus.

2 Befüllen Sie den Bottich zu zwei Dritteln mit Erde. Wenn Sie ein paar Schaufeln Perlit untermischen, macht dies das Substrat leichter und durchlässiger.

Tipp:

Mulchen Sie im Frühling mit Gartenkompost oder gut verrottetem Mist. Geben Sie zu Beginn der Wachstumszeit Rosendünger, eine zweite Düngergabe dann im Frühsommer. Putzen Sie Verblühtes regelmäßig aus.

3 Nehmen Sie die Rosen aus den Plastiktöpfen – mit kräftigen Handschuhen zum Schutz vor den Stacheln. Verteilen Sie die Rosen im Bottich und setzen Sie die höheren nach hinten. Gehen Sie vorsichtig mit den Wurzeln um. Füllen Sie weitere Erde rund um die Rosen auf und drücken Sie diese fest.

4 Nehmen Sie die Hornkrautpflanzen aus den Plastiktöpfen und pflanzen Sie diese jeweils rund um die Rosen. Füllen Sie die Lücken mit Erde auf und gießen Sie gründlich an.

Blumige Keksdose

Mir gefällt die Idee eines Gärtchens, das man einfach transportieren kann, um es so den ganzen Tag um sich zu haben. Diese schöne alte Keksdose hat sich dafür gut bewährt und beherbergt hübsche, zierliche Pflanzen, die dem Arrangement den Charme einer sommerlichen Blumenwiese verleihen.

Material

große Blechdose

feiner Kies

Blumenerde, vermischt mit Kies, oder Dachgartenerde

Pflanzen:

Zwerg-Glockenblume (*Campanula cochleariifolia* 'Alba')

Spanisches Gänseblümchen (*Erigeron karvinskianus*)

Bartfaden (*Penstemon pinifolius* 'Mersea Yellow')

Rhodanthemum catananche (alternativ: Marokko-Kamille, *Anacyclus pyrethrum*)

Grasstern (*Rhodohypoxis baurii*)

Sandthymian (*Thymus serpyllum*)

1 Bohren Sie einige Löcher in den Boden der Dose (siehe S. 8) und bringen Sie eine Schicht Kies aus, um die Dränage zu verbessern. Füllen Sie darüber etwas Erde ein.

2 Nehmen Sie die Pflanzen aus den Töpfen und lösen Sie vorsichtig Erdklumpen von den Wurzeln. Arrangieren Sie die Pflanzen – die großen nach hinten – in der Dose. Die restliche Erde auffüllen und festdrücken. Halten Sie die Erde ausreichend feucht. Stellen Sie die Dose am besten auf einen Untersetzer, damit das Wasser nicht heraustropft.

Blütenflor in Schüsseln

Ich kombiniere zwar gern viele Pflanzen in einem Gefäß, um üppige Farbmuster oder Blattdschungel zu kreieren – aber manchmal ist weniger mehr. Je drei einfache Pflanzen reichen aus, um diese hübschen alten Metallschüsseln in elegante Miniaturgärten von einfacher Schönheit zu verwandeln.

Material

flache Metallschüsseln

langer Nagel und Hammer

kleine Tonscherben für die Dränage

feiner Kies

Blumenerde, vermischt mit Sand, oder Dachgartenerde

zerbrochene Schalen und Gehäuse

Pflanzen:

Steintäschel (*Aethionema armenum* 'Warley Rose')

Strandgrasnelke (*Armeria maritima*) in Rosa ('Splendens') und Weiß ('Alba')

Götterblume (*Dodecatheon meadia* 'Alba')

Herzblattschale (*Jeffersonia dubia*)

Sauerklee (*Oxalis adenophylla*)

Moossteinbrech (*Saxifraga* x *arendsii* 'Pixie')

Fetthenne (*Sedum spathulifolium*)

1 Schlagen Sie mit dem Hammer und dem langen Nagel ein paar Dränagelöcher in die Böden der Schüsseln (siehe S. 8).

2 Decken Sie die Dränagelöcher mit kleinen Tonscherben ab und verteilen Sie eine Kiesschicht auf dem Schüsselboden.

Tipp:

Putzen Sie regelmäßig die verwelkten Blüten der Grasnelke aus. Sehen Sie sich in Gartencentern nach attraktivem Mulchmaterial um: Zerstoßenes Glas, Muschelschalen und Kieselsteine in mehreren Farben sehen attraktiv aus.

3 Befüllen Sie etwa ein Drittel der Schüssel mit Erde. Nehmen Sie die Pflanzen aus den Töpfen und arrangieren Sie sie auf der Erdoberfläche. Füllen Sie Erde rund um die Pflanzen auf und drücken Sie diese fest.

4 Überstreuen Sie die Erdoberfläche mit den Schalen oder feinem Kies. Das sieht nicht nur dekorativ aus, sondern hält auch die Feuchtigkeit. Die Pflanzen dann angießen.

Eimer in voller Blüte

Hellen Sie dunkle Ecken mit Pflanzen auf, die in ähnlichen Farbtönen blühen. Kombinieren Sie Arten mit unterschiedlichen Wuchsformen – etwa große, ausladende Hortensien und zierlichen Phlox – zu einem attraktiven Blumenbild. Stellen Sie einige der Eimer auf eine Bank, um zusätzliche Akzente zu setzen.

Material

emaillierte Eimer

Tonscherben für die Dränage

Kies

Blumenerde

Pflanzen:

Hortensie (*Hydrangea macrophylla*)

Edelpelargonie (*Pelargonium* 'Aristo Lavender')

Duftpelargonie (*Pelargonium* 'Pink Capitatum')

Teppichphlox (*Phlox subulata* 'Candy Stripes')

Schaumblüte (*Tiarella* 'Spring Symphony')

Königskerze, rosa (*Verbascum* 'Jackie in Pink')

1 Bohren Sie Löcher in den Eimerboden (siehe S. 8). Legen Sie ein paar Tonscherben darüber und schaufeln Sie eine Schicht Kies darüber, um die Dränage zu verbessern.

2 Füllen Sie die Erde mit der Handschaufel ein, bis der Eimer zu etwa zwei Drittel voll ist.

Tipp:

Versorgen Sie die Pflanzen alle paar Wochen mit Flüssigdünger, damit die Blüh- und Wuchsfreude erhalten bleibt. Putzen Sie regelmäßig Verblühtes aus, um möglichst lange das Erscheinen neuer Blüten zu genießen.

3 Nehmen Sie die Hortensie aus dem Plastiktopf und lockern Sie die Wurzeln etwas auf. Setzen Sie die Pflanze so ein, dass die Ballen- und Erdoberfläche später rund 3 cm unter dem Eimerrand liegt; wenn nötig, noch etwas Erde ergänzen oder entfernen. Füllen Sie rundum Erde auf; fest andrücken. Setzen Sie auf dieselbe Weise die anderen Pflanzen ein. Versuchen Sie Eimergröße und -stil der jeweiligen Pflanze anzupassen. Zum Schluss gründlich gießen.

Bepflanzter Kuchenständer

Mit anmutigen Blüten und üppig grünem Moos verwandelt sich ein einfacher Kuchenständer in einen faszinierenden Tischschmuck. Wenn Sie solch einen Garten für einen besonderen Anlass planen, bepflanzen Sie ihn eine Woche zuvor und halten Sie alles gut feucht, damit er auf den Punkt großartig aussieht.

Material

Kuchenständer mit drei Etagen

Moos (vom Floristikgeschäft)

schwarze Plastikfolie zum Auskleiden der Körbe

Blumenerde

Pflanzen:

Maiglöckchen (*Convallaria majalis*)

Efeu (*Hedera helix*)

Sonnenröschen (*Helianthemum* 'The Bride')

Steinbrech (*Saxifraga* 'Esther')

Hornveilchen (*Viola cornuta*) in Schwarz ('Molly Sanderson') und Weiß ('Wisley White')

1 Rupfen Sie das Moos in Stücke und polstern Sie die Ränder der Etagenkörbe damit aus.

2 Schneiden Sie für jede Etage eine schwarze Folie mit passendem Durchmesser zu; versehen Sie diese mit einigen Dränagelöchern. Schneiden Sie in die Folienscheiben einen Schlitz vom Rand bis zur Mitte, um sie mittig bis zur Ständersäule einzuschieben.

3 Schaufeln Sie Etage für Etage vorsichtig Erde in die Körbe und drücken Sie diese leicht mit den Fingern an.

4 Nehmen Sie die Pflanzen aus den Plastiktöpfen und schütteln Sie lockeres Substrat ab. Beim Einpflanzen behutsam die Wurzeln ausbreiten und dann Substrat auffüllen; um die herum Pflanzen fest andrücken.

5 Decken Sie die Erdoberfläche mit Moosstücken ab und drücken Sie diese an den Korbrändern fest. Zum Schluss gründlich gießen.

Tipp:

Moos bekommt man öfter in Blumen- und Bastelläden, teils auch im Gartencenter; wenn nicht, helfen Fachgeschäfte und Online-Versender für Floristikbedarf weiter. Das Moos stets gut feucht halten, damit es frisch-grün bleibt.

Gärtchen im Koffer

Jedes Gefäß kann zum Garten werden. Dieser nostalgische Koffer ist ein guter Beweis. Ich liebe Nieswurz und ihre Blüte während der trüben Wintertage macht sie mir noch lieber. Die gedeckten Farben von Kuhschelle und Nieswurz sehen wunderschön aus; aber auch bunte Blüten würden hier gut passen.

Material

alter Koffer

schwarzer Plastikmüllsack zum Auskleiden des Koffers

Tonscherben für die Dränage

Blumenerde, vermischt mit einigen Handvoll Sand

Pflanzen:

Korsische Nieswurz (*Helleborus argutifolius*)

Balearen-Nieswurz (*Helleborus lividus*)

Küchenschelle (*Pulsatilla vulgaris*), Wildform und Sorte mit dunkelroten Blüten

1 Schneiden Sie den Plastiksack so zurecht, dass er den Koffer vollständig und dicht auskleidet. Drücken Sie ihn in die Kanten und Ecken und schneiden Sie am Boden einige Dränagelöcher in die Folie. Falls allerdings der Koffer nicht leiden soll, lassen Sie die Folie intakt und gießen eher sparsam.

2 Legen Sie ein paar Tonscherben auf dem Kofferboden aus, um die Dränage zu verbessern.

3 Füllen Sie die Erde bis kurz unter dem oberen Rand der ausgelegten Folie ein.

4 Nehmen Sie die Pflanzen aus dem Plastiktopf. Probieren Sie zunächst die Verteilung der Pflanzen aus, bis Sie zufrieden sind. Graben Sie dann Löcher, um die Pflanzen einzusetzen, und drücken Sie die Erde um sie herum gut an.

Tipp:

Achten Sie beim Gießen des Koffergartens darauf, dass keine Staunässe entsteht. Das gilt vor allem für Plastikfolie ohne Löcher. Sowohl Kuhschelle als auch Nieswurz mögen feuchte, aber keine nasse Erde.

Kapitel 2

Bezaubernde Blätter

Farn-Terrarium

Eine große, oben weit offene Vase lässt sich schön für einen Zimmer-Terrariengarten nutzen. Wählen Sie zierliche Pflanzen mit ähnlichen Ansprüchen. Blattfarben und Texturen sorgen für Abwechslung. Für Pflanzen wie Farne, die eine hohe Luftfeuchtigkeit brauchen, ist solch eine „Vitrine“ besonders günstig.

Material

große Glasvase

mittelgroßer und feiner Kies

gemahlene Holzkohle (vom Zoogeschäft)

Blumenerde, vermischt mit Sand und am besten mit etwas Vermiculit oder Perlit

Sprühflasche zum Benebeln der Pflanzen

Pflanzen:

Frauenhaarfarn (*Adiantum raddianum*)

Dreieckiger Glücksklee (*Oxalis triangularis*)

Krauss' Moosfarn (*Selaginella kraussiana*)

1 Waschen Sie die Vase makellos sauber. Bringen Sie am Boden vorsichtig eine 2–3 cm hohe Kiesschicht aus. Ebnen Sie die Oberfläche, sodass sie einigermaßen gleichmäßig wird.

2 Verteilen Sie eine etwa genauso dicke Schicht gemahlene Holzkohle darüber. Diese wird den Geruch der feuchten Erde reduzieren.

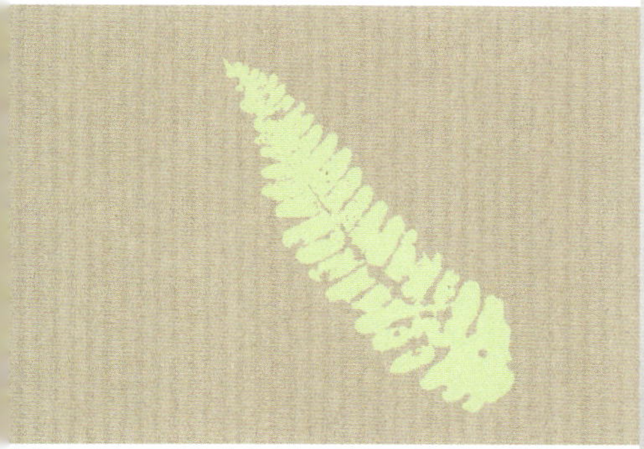

3 Geben Sie Erde auf die Holzkohlenschicht, bis diese vollständig bedeckt ist. Nehmen Sie die Pflanzen aus den Plastiktöpfen und arrangieren Sie sie in der Vase. Füllen Sie die Zwischenräume mit Erde, bis die Wurzeln bedeckt sind und die Pflanzen fest sitzen. Ebnen Sie die Oberfläche möglichst gleichmäßig ein.

Tipp:

Überprüfen Sie die Erde wöchentlich und gießen Sie zurückhaltend, wenn sie sich trocken anfühlt. Die Pflanzen sollten weder zu nass noch zu trocken stehen. Befeuchten Sie die Blätter des Öfteren mit der Sprühflasche.

4 Wischen Sie mit einem sauberen Tuch die Kohle- und Erdreste von der Innenseite der Vase. Streuen Sie feinen Kies (etwa 1 cm hoch) rund um die Pflanzen auf die Oberfläche; auch diese Schicht nochmals einebnen.

5 Befeuchten Sie die Pflanzen mit feinem Nebelstrahl aus der Sprühflasche.

Grünes Nistkastendach

Dachbegrünung ist eine feine Sache. So werden sonst ungenutzte Flächen zu einer Attraktion für Wildtiere. Dieses Potenzial können Sie auch auf kleinstem Raum nutzen: Begrünen Sie das Dach eines Vogelnistkastens. Das lässt sich leicht bewerkstelligen; ein schlichter Anstrich trägt zum Charme des Häuschens bei.

Material

Vogelnistkasten aus Holz

Holzleisten für den Außenbereich (35 x 20 mm)

Bohrmaschine und Bohrer

Holzschrauben und Schraubendreher

wasserbasierter Lack (für den Außenbereich, umweltfreundlich und vogelsicher) und ein Pinsel

schwarze Plastikfolie zum Auskleiden des Dachs

Tacker und Klammern

Blumenerde, vermischt mit Kies, oder Dachgartenerde

Pflanzen:

Steinbrech (*Saxifraga* 'Cloth of Gold')

Mauerpfeffer- bzw. Fetthennearten: *Sedum acre* 'Golden Queen', *S. oregonense*, *S. pluricaule*, *S. spathulifolium* 'Purpureum', *S. spurium* 'Fuldaglut'

1 Messen Sie die Kantenlängen des Dachs aus und sägen Sie die Leisten in den passenden Längen zu. Die Leisten für die Vorder- und Hinterkante werden schräg abgesägt, damit sie auf dem First lückenlos aneinander passen. Bohren Sie Löcher durch die Leisten vor, um sie dann auf das Dach zu schrauben. Passen Sie schließlich die beiden Seitenleisten ein (siehe Bild) und schrauben Sie diese an.

2 Streichen Sie den Nistkasten an; die Farbe muss vollständig trocknen. Falls nötig, wird er ein zweites Mal gestrichen.

3 Schneiden Sie die Plastikfolie passend zurecht und tackern Sie diese auf dem Dach fest. An den Kanten und Ecken wird die Folie gefaltet, damit sie überall gut sitzt.

4 Drücken Sie etwas Erde auf die Folie. Nehmen Sie die Pflanzen aus ihren Töpfen und zerteilen Sie sie in kleinere, bewurzelte Stücke. Breiten Sie die Wurzeln vorsichtig aus; Erde nachfüllen und festdrücken. Nachdem das ganze Dach bepflanzt ist, bleibt der Nistkasten ein paar Wochen an einem geschützten Platz stehen, bis die Wurzeln ein verfilztes Netz gebildet haben und gut halten.

Tipp:

Sobald sich das Wurzelwerk ausgebreitet und verflochten hat, ist die Bepflanzung recht robust und braucht kaum noch Pflege. Gießen müssen Sie nur bei sehr heißem Wetter. Ansonsten einfach zurücklehnen und genießen!

Wüstengarten im Glas

Dieses Gärtchen mit kleinen Kakteen und Sukkulenten zaubert ein Flair von Wüste auf Ihren Tisch. Die winzigen Muschelschalen sehen hübsch aus, lassen sich aber auch durch Sand oder feine Kiesel ersetzen. Wenn die Gläser in einem dekorativen Halter stehen, kann das Wüstengärtchen jederzeit umziehen.

Material

kleine Gläser in einem Halter

Bruchstücke von Muschelschalen

kleine Küchenzange

Pflanzen:

Aloe (*Aloe claviflora*)

Echeverie (*Echeveria setosa* var. *deminuta*)

Wolfsmilcharten (*Euphorbia enopla* und *E. horrida* var. *striata*)

Oreocereus trollii (Kaktus)

Mondstein (*Pachyphytum oviferum*)

1 Die Gläser gründlich reinigen und abtrocknen. Löffeln Sie jeweils eine Schicht Muschelschalen hinein. Lassen Sie die Pflanzen in ihren Plastiktöpfen und stellen Sie je eine in jedes Glas, mithilfe der Küchenzange. Der Rand des Plastiktopfs sollte rund 2 cm unterhalb des Glasrands kommen; gleichen Sie, wenn nötig, die Muschelschicht am Boden entsprechend aus.

2 Füllen Sie Muschelschalen ein, bis der Plastiktopf nicht mehr zu sehen ist. Ebnen Sie die Oberfläche der Schalen durch leichtes Klopfen am Glas ein. Da die Gläser keine Dränagelöcher haben, werden die Pflanzen nur sehr vorsichtig gegossen, sonst verfaulen die Wurzeln. Gießen Sie im Sommer alle zwei Wochen, im Winter noch seltener. Testen Sie die Feuchtigkeit des Substrats mit einem Holzstöckchen und gießen Sie entsprechend.

Feen-Garten

Mit dieser Miniatur-Oase heißen Sie Feen in Ihrem Garten willkommen. Ideal ist eine alte Steinschale, aber auch jedes andere breite Gefäß eignet sich. Ich habe zierliche Pflanzen ausgewählt und Pilze, kleine Zapfen sowie winzige Gartenwerkzeuge dazugestellt, damit die Feen den Garten in Ordnung halten können.

Material

Steinschale
Tonscherben für die Dränage
Blumenerde
Gartenschere
Zweige
wasserfester Klebstoff
Moos (vom Floristikgeschäft)
flache Kieselsteine
Accessoires für die Feen (z. B. Mini-Pilze)
Holz-Strickliesel und Bast (optional)
Pflanzen:
Enzianlauch (*Allium cyaneum*)
Strahlenanemone (*Anemone blanda*)
Sommerknotenblume (*Leucojum aestivum*)
Kissenprimel (*Primula vulgaris*) für Feenhut und -rock
Elfenbein-Steinbrech (*Saxifraga apiculata* 'Alba')
Zierklee (*Trifolium repens* 'Purpurascens')

1 Die Schale gründlich säubern und die Dränagelöcher mit einigen Tonscherben abdecken. Füllen Sie die Erde auf, bis 2–3 cm unter dem Rand.

2 Schneiden Sie die Zweige für das Zäunchen zurecht: zwei Zweigstücke mit rund 18 cm, zwei mit rund 10 cm und sieben etwa 8 cm lange Stücke. Legen Sie die beiden längsten Stücke parallel auf einen Tisch, mit 6 cm Abstand. Verbinden Sie sie an beiden Enden, indem Sie die 10 cm langen Stücke quer dazu ankleben; dazwischen dann die 8-cm-Stücke. Basteln Sie einen zweiten Zaun nach demselben Muster.

3 Schneiden Sie für das Zauntor zwei rund 10 cm lange, dickere Zweigstücke; das sind die „Seitenpfosten“ auf dem Bild. Legen Sie diese mit 8 cm Abstand nebeneinander und kleben Sie oben und unten quer dazu zwei dünnere Zweigstücke (ebenfalls rund 10 cm lang) darauf, sodass ein Quadrat oder Rechteck entsteht. Kleben Sie schließlich zwei dünne Zweigstücke (rund 11 cm lang) kreuzförmig darüber.

4 Nehmen Sie die Pflanzen aus ihren Töpfen und verteilen Sie sie auf der Erde zu einem attraktiven Arrangement. Graben Sie flache Löcher, um die Pflanzen einzusetzen, füllen Sie noch etwas Erde auf und drücken Sie diese rund um die Pflanzen fest. Decken Sie die Erdoberfläche mit Moosstücken ab; dicht um die Pflanzen andrücken. Stecken Sie den Zaun ins Moos, ebenso das Tor, am besten so, dass es leicht geöffnet erscheint.

5 Legen Sie Kieselsteine als Pfad für die Feen ins Moos und verteilen Sie die Mini-Pilze (fertig gekauft oder aus Ton geformt) und andere märchenhafte Accessoires.

Tipp:

Sollten die Feen in Ihrer Gegend zu scheu sein, dann basteln Sie selbst eine: aus einer hölzernen Strickliesel und mit einem Kleid aus Primelblättern, das Sie mit Bast zusammenbinden. Dann noch eine Blüte als Hut – fertig ist die Fee.

Sukkulenten-Schubladen

Alte Holzschubladen in unterschiedlichen Größen geben wunderbare Gefäße für Sukkulenten ab. Da diese Pflanzen flach wurzeln, brauchen sie keine tiefen Behältnisse. Die Schubladen hier hatten zwischen den Bodenleisten Spalten; andernfalls können Sie ein paar Dränagelöcher in die Böden bohren.

Material

hölzerne Schubladen in verschiedenen Größen

grober und feiner Kies

Blumenerde, mit Sand vermischt, oder Kakteenerde

Pflanzen:

Rosettendickblatt (*Aeonium* 'Zwartkop')

Geldbaum (*Crassula ovata*)

Dickblatt (*Crassula rupestris* var. *marnieriana*)

Echeverien (*Echeveria gibbiflora* var. *metallica* und *E. secunda* var. *glauca*)

Graptopetalum paraguayense

Jovibarba sobolifera

Keilblattsteinbrech (*Saxifraga cuneifolia*)

Felsenfetthenne (*Sedum rupestre, S. rupestre* 'Angelina', und *S. rupestre* 'Aureum')

1 Arrangieren Sie die Schubladen an der vorgesehenen Fläche für den Sukkulentengarten. Achten Sie auf stabilen Stand der Schubladen.

2 Befüllen Sie die Böden der Schubladen jeweils mit ein paar Handvoll grobem Kies für eine gute Dränage.

Tipp:

Legen Sie den Schubladengarten an einem sonnigen, warmen Platz an, möglichst auch geschützt vor starkem Regen. An exponierten Stellen brauchen die Schubladen Dränagelöcher und viel Sand im Substrat.

3 Verteilen Sie das Substrat über dem Kies, bis die Schubladen zu etwa zwei Drittel gefüllt sind.

4 Nehmen Sie die Pflanzen aus den Plastiktöpfen und schütteln Sie lockere Erdreste ab. Setzen Sie die Pflanzen ein und breiten Sie dabei die Wurzeln gut aus. Erde auffüllen und um die Pflanzen festdrücken.

5 Verteilen Sie den feinen Kies auf der Oberfläche. Er ist dekorativ, bewahrt die Blätter vor Kontakt mit feuchter Erde und schützt sie so vor Fäulnis. Zum Schluss angießen und abtropfen lassen.

Tipp:

Die Topferde können sie mit Moosstückchen abdecken. Halten sie das Moos feucht, damit es grün bleibt. Topfen sie die Koniferen nach dem ersten Jahr in größere Eimer um und geben sie ihnen Dünger für ein gutes Wachstum.

Immergrüner Garten

Zwergwüchsige Nadelbäumchen in abgestuften Grüntönen und mit interessanten Wuchsformen lassen sich zu einem schönen Gärtchen kombinieren. Das geht auch mit Töpfen, aber Zinkeimer sehen besonders gut aus. Alternativ können Sie die Koniferen in einer große Zinkwanne als Mini-Wald zusammenpflanzen.

Material

kleine Zinkeimer

Tonscherben für die Dränage

Kies

Blumen- oder Pflanzerde

Moos (vom Floristikgeschäft)

Pflanzen:

Scheinzypressen (*Chamaecyparis lawsoniana* 'Ellwoodii,' *C. lawsoniana* 'Ellwood's Gold,' *C. lawsoniana* 'Snow White')

Kleine Silberzypresse (*Chamaecyparis pisifera* 'Boulevard')

Kuschel-Lebensbaum (*Thuja occidentalis* 'Teddy')

gelber Lebensbaum (*Thuja plicata* 'Goldy')

1 Bohren Sie einige Dränagelöcher in die Eimerböden (siehe S. 8) und legen Sie ein paar Tonscherben darüber. Füllen Sie in jeden Eimer etwas Kies ein.

2 Befüllen Sie den ersten Eimer bis knapp unter dem Rand mit Erde. Nehmen Sie die Pflanze aus dem Plastiktopf und setzen Sie sie so ein, dass ihre Ballenoberfläche 2–3 cm unter den Eimerrand kommt. Noch etwas Erde auffüllen und festdrücken. Bepflanzen Sie die anderen Eimer auf dieselbe Weise. Die Oberflächen können Sie mit Moos abdecken.

Küchensieb-Hängekorb

Hängekörbe sind eine ideale Lösung für das Gärtnern auf engem Raum. Hier wurden alte Küchensiebe verwendet und mit Farnen und Süßkartoffeln bepflanzt. Sie hängen an Haken und Ketten, die man in jedem Baumarkt bekommt. Mit stabilen Decken- oder Wandhaken lassen sich solche Körbe überall aufhängen.

Material

alte Standsiebe

Vlies zum Auskleiden von Hängekörben

Blumenerde

Wasserspeichergranulat

2 m Kette pro Sieb

4 S-förmige Haken pro Sieb

1 Schlüsselring pro Sieb

Schraubhaken oder Nägel zum Aufhängen

Pflanzen:

Sichelfarn (*Cyrtomium fortunei* var. *clivicola*)

Elefantenrüsselfarn (*Dryopteris atrata*)

Zier-Süßkartoffel (*Ipomoea batatas* 'Sweet Caroline Bronze')

Glänzender Schildfarn (*Polystichum makinoi*)

1 Kleiden Sie das Sieb mit einem Vlies für Hängekörbe aus. Schneiden Sie es, wenn nötig, passend zurecht, sodass es gut sitzt.

2 Füllen Sie etwas Erde ein und mischen Sie Wasserspeichergranulat unter. Nehmen Sie die Pflanze aus dem Plastiktopf und setzen Sie sie ein.

3 Füllen Sie rundum Erde auf und drücken Sie diese gut an. Gießen Sie gründlich.

4 Schneiden Sie vier 20 cm lange Ketten ab und bringen Sie jeweils an einem Ende einen S-Haken an; die Hakenbogen mit einer Flachzange vorsichtig zusammendrücken.

5 Fädeln Sie die anderen Enden jeweils in einen kräftigen Schlüsselring ein. Daran wird das Sieb am vorgesehenen Platz aufgehängt.

6 Stecken Sie die vier S-Haken in Löcher des Siebs, auf gleicher Höhe und rundum gleichmäßig verteilt, damit das Sieb nachher gerade hängt.

7 Hängen Sie die Siebe auf, indem Sie die Schlüsselringe mit Schraubhaken oder Nägeln befestigen.

Tipp:

Gießen Sie die Körbe regelmäßig, sie trocknen leicht aus. Einmal pro Monat brauchen sie eine Düngergabe (siehe S. 10). Die Farne vertragen keine direkte Sonne; Farne und Süßkartoffel müssen vor Frösten geschützt werden.

Dinosaurier-Sumpfgarten

Gestalten Sie einen Urwald für die Lieblings-Dinosaurier Ihrer Kinder, in dem sie kreativ spielen dürfen. Wählen Sie robuste Pflanzen, die auch eine Dinosaurier-Wettjagd vertragen! Bei einfach zu versorgenden Pflanzen können die Kinder nicht nur darin spielen, sondern mit Spaß auch die „Gartenpflege" übernehmen.

Material

emaillierte Schüssel
Tonscherben für die Dränage
mittelgrober Kies
Blumenerde
dicke, schwarze Plastikfolie für den Teich
Kieselsteine und Steine
Pflanzen:
Rippenfarn (*Blechnum spicant*)
Eidechsenschwanz (*Crassula muscosa*)
Haworthie (*Haworthia attenuata*)
Mittagsblume (*Lampranthus*) mit orangen Blüten
Mastkraut (*Sagina subulata* var. *glabrata*)
Bubiköpfchen (*Soleirolia soleirolii*)

1 Bohren Sie Dränagelöcher in den Schüsselboden (siehe S. 8) und legen Sie ein paar Tonscherben darüber. Decken Sie den Boden mit Kies ab und schaufeln Sie Erde in die Schüssel.

2 Nehmen Sie die Pflanzen aus den Plastiktöpfen und setzen Sie sie am Rand der Schüssel ein. Drücken Sie die Erde um die Pflanzen mit den Fingern fest.

3 Schneiden Sie aus der Plastikfolie eine runde Scheibe zu, mit etwa 25 cm Durchmesser. Modellieren Sie eine Senke in der Erde und legen Sie darin die Plastikscheibe als Teichfolie aus. Die Folie wird mit ein paar Steinen auf dem Rand fixiert.

4 Füllen Sie mit Bubiköpfchen und Mastkraut verbleibende Lücken zwischen den Pflanzen und dem Miniteich aus.

5 Geben Sie etwas Wasser in den Teich – jetzt können Ihre Kinder die Dinosaurier loslassen!

Terrarien in Gläsern

Für jedes dieser Terrarien reicht ein Wasserglas aus. Kleine Sukkulenten finden darin genug Platz für ihre flachen Wurzeln und sehen zwischen Sand und Muschelschalen großartig aus. Stellen Sie die Terrarien in die Sonne, denn Sukkulenten brauchen viel Licht und auch viel Luft – eine Fensterbank ist ideal.

Material

Wassergläser

Kakteen- bzw. Sukkulentenerde

feiner Kies und Sand

kleine Küchenzange

Mini-Muscheln

Pflanzen:

Hinteres Glas: *Adromischus leucophyllus* und Rosettendickblatt (*Aeonium* 'Zwartkop')

Zweites Glas von hinten: Mondstein (*Pachyphytum oviferum*)

Zweites Glas von vorn: *Lapidaria margaretae* und Hauswurz (*Sempervivum*)

Vorderes Glas: Liebesröschen (*Anacampseros telephiastrum* 'Variegata'), Dickblatt (*Crassula rupestris* var. *marnieriana*) und Echeverie (*Echeveria setosa* var. *deminata*)

1 Die Gläser gründlich spülen; sie dürfen weder Staub noch Fettspuren enthalten. Geben Sie in jedes Glas ein paar Löffel Erde.

2 Drücken Sie eine Mulde für die Pflanzen in die Erde. Nehmen Sie die Pflanzen aus den Plastiktöpfen und setzen Sie sie ins Glas. Drücken Sie die Erde um die Pflanzen mit einem Löffelstiel fest. Die anderen Gläser werden auf dieselbe Weise bepflanzt.

Tipp:

Die hier gesetzten Pflanzen sind Sukkulenten, die aus trockenen Lebensräumen stammen. Die Gläser dürfen nur sehr sparsam gegossen werden, sonst sterben die Pflanzen ab. Das Substrat sollte nur leicht feucht gehalten werden.

3 Verteilen Sie den Sand oder Kies mit dem Löffel, bis von der Erde nichts mehr zu sehen ist. Die Pflanzen sollten möglichst wenig Sand bzw. Kies abbekommen.

4 Klopfen Sie das Glas behutsam auf Ihre Handfläche, damit sich die Sand- oder Kiesschicht setzt. Legen Sie mit der Küchenzange vorsichtig Muscheln oder Schneckenhäuser als Dekoration aus.

Vertikaler Garten

Vertikale, „senkrechte" Gärten sind derzeit sehr angesagt und für kleine Flächen geradezu perfekt. Dieser Garten wurde in einem Holzkasten angelegt und mit pflegeleichten, hübschen Sukkulenten bepflanzt. Ich fand einen Kasten mit Fächern; Sie können den Maschendraht aber auch am äußeren Rand befestigen.

Material

flacher Holzkasten

Kakteen- bzw. Sukkulentenerde

Maschendraht

Drahtzange oder kräftige Schere

Tacker und Klammern

Moos (vom Floristikgeschäft)

Pflanzen:

Obere Reihe: Hauswurz (*Sempervivum* 'Rosie'), Keilblattsteinbrech (*Saxifraga cuneifolia*), Echeverie (*Echeveria gibbiflora* var. *metallica*), Dickblatt (*Crassula rupestris* var. *marnieriana*), Hauswurz (*Sempervivum* 'Lilac Time')

Mittlere Reihe: Mittagsblume (*Delosperma cooperi*), Mauerpfeffer (*Sedum acre* 'Golden Queen'), Steinbrech (*Saxifraga* 'Tumbling Waters'), Hauswurz (*Sempervivum* 'Blood Tip'), Fetthenne (*Sedum spathulifolium*)

Untere Reihe: Fetthenne (*Sedum pluricaule*), Hauswurz (*Sempervivum ruthenicum*), Purpurfetthenne (*Sedum spathulifolium* 'Purpureum'), Steinbrech (*Saxifraga* 'Pearly King'), Hauswurz (*Sempervivum* 'Dark Cloud')

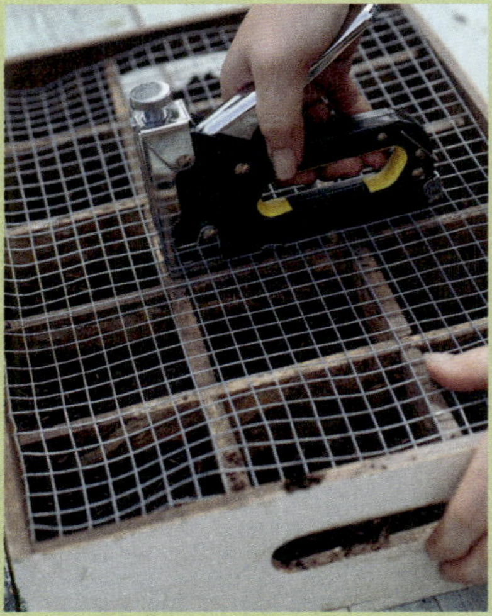

1 Befüllen Sie den Holzkasten zu rund zwei Drittel mit Erde. Drücken Sie diese etwas mit den Fingern fest.

2 Schneiden Sie vom Maschendraht ein passendes Stück für die Vorderfront des Kastens zu. Wenn Sie das Drahtgitter nicht (wie hier im Bild) an den Innenleisten von Fächern befestigen können, schneiden Sie es etwas größer, um es rundum am Rand anzutackern. Das Maschendrahtgitter muss fest sitzen.

3 Schneiden Sie mit der Drahtzange die Maschen des ersten Fachs in der Mitte senkrecht auf, sodass sich das Drahtgitter mit einem zweiflügeligen „Türchen“ öffnen lässt. Beginnen Sie mit einem Schlitz in der Mitte des Fachs und schneiden Sie diesen nach oben und unten weiter.

4 Nehmen Sie die erste Pflanze aus dem Plastiktopf und streifen Sie überschüssiges Substrat ab. Stellen Sie die Pflanze durch das Türchen ins erste Fach. Erde auffüllen und festdrücken; dann die Türflügel so weit wie möglich schließen, ohne die Pflanze zu beschädigen.

5 Die übrigen Fächer werden auf dieselbe Weise bepflanzt; achten Sie auf attraktive Kontraste. Überprüfen Sie nochmals, ob alle Pflanzen fest sitzen. Dann wird der Kasten gewässert.

Tipp:

Gießen Sie den Kasten im Sommer etwa einmal pro Woche, im Winter einmal pro Monat und legen Sie dazu den Kasten flach hin. Gießen Sie jeweils erst wieder, wenn das Substrat trocken ist. Sukkulenten vertragen keine Wurzelnässe.

6 Lassen Sie den Kasten etwa zwei Wochen lang flach liegen, damit sich die Wurzeln ausbreiten und die Pflanzen etablieren können. Wenn Sie mögen, können Sie die Lücken mit Moos abdecken, um den Draht zu verbergen. Danach wird der Kasten senkrecht aufgehängt. Gehen Sie beim Gießen so vor, wie im „Tipp" beschrieben (links). Im Winter sollte der Kasten an einem geschützten Platz stehen.

Tipp:

Das Wasser dürfte anfangs etwas trüb aussehen. Es wird klarer, sobald sich die Pflanzen etabliert haben. Entfernen Sie frühzeitig braune Blätter und Wurzelbruchstücke aus dem Wasser, damit der Wassergarten hübsch und sauber bleibt.

Üppiger Wassergarten

In einer einfachen, geradwandigen Glasschale können Sie einen attraktiven Tisch-Wassergarten anlegen. Mit ein paar Kieseln und Wasserpflanzen wird sie zum üppigen Teich. Dass die Pflanzen in alten Tassen und Flaschen wachsen, sieht nicht nur dekorativ aus: So lassen sich auch dickere Wurzeln kaschieren.

Material

große Glasschale

Kieselsteine

alte Emailletasse

alte Steinflaschen oder ähnliche Behälter

Pflanzen:

Schwimmende Dotterblume (*Caltha natans*)

Tannenwedel (*Hippuris vulgaris*)

Sumpfheusenkraut (*Ludwigia palustris*)

Wassersalat (*Pistia stratiotes*)

Schwimmfarn (*Salvinia natans*)

1 Reinigen Sie die Schale sorgfältig, entfernen Sie insbesondere alle Fettreste. Verteilen Sie die Kieselsteine auf dem Boden und füllen Sie die Schale zu etwa drei Viertel mit Wasser.

2 Die Pflanzen mit großen Wurzeln werden in die Tasse und Flaschen gepflanzt. Drücken Sie die Gefäße unter Wasser und schieben Sie die Wurzeln vorsichtig hinein (natürlich kommen die kleinsten Pflanzen auch in die kleinen Flaschen). Die Gefäße müssen direkt auf dem Schalenboden stehen; Kiesel beiseite rücken. Legen Sie die Schwimmpflanzen auf die Wasseroberfläche.

Exotischer Moorgarten

Diese herrlichen Pflanzen sehen aus, als kämen sie von einem anderen Planeten. Sie sind nicht nur wunderschön, sondern auch recht pflegeleicht. Das Substrat darf nie austrocknen. Nehmen Sie zum Gießen Regenwasser, denn das Leitungswasser ist oft zu kalkhaltig. Weichen Sie notfalls auf destilliertes Wasser aus.

Material

verzinkter Metallkorb mit stabiler Standfläche

Kies

Substrat (Torf-Sand-Mischung im Verhältnis 3:1 oder Karnivorenerde)

Pflanzen:

Venusfliegenfalle (*Dionaea muscipula*)

Schlauchpflanzen (*Sarracenia flava* var. *ornata*, S. *leucophylla* und S. x *wrigleyana*)

1 Decken Sie den Boden des Metallkorbs mit einer dünnen Schicht Kies ab.

2 Befüllen Sie den Korb zu rund zwei Drittel mit Substrat. Verwenden Sie am besten nährstoffarmes Torf-Sand-Gemisch oder spezielle Karnivorenerde.

Tipp:

Die Pflanzen dieses Moorgartens fühlen sich nur in feuchtem Substrat wohl. Als fleischfressende Pflanzen versorgen sie sich selbst und brauchen keinen Dünger. Sie werden am besten an einem frostfreien, aber kühlen Platz überwintert.

3 Nehmen Sie die Pflanzen aus den Plastiktöpfen und arrangieren Sie sie im Korb; die höheren Arten kommen in die Mitte, die kleineren nach außen, zum Rand hin.

4 Füllen Sie weiteres Substrat rund um die Pflanzen auf und drücken Sie dieses mit den Fingern fest. Gießen Sie gründlich.

Tortenständer-Terrarium

Ein hübscher Tortenständer mit Glashaube eignet sich wunderbar als ungewöhnliches Terrarium. Suchen Sie zwei oder drei Pflanzen aus, die sich in feuchter Umgebung wohlfühlen, und umgeben Sie sie mit Moos. Mit ein paar gezielt ausgewählten Kieselsteinen lässt sich die Szenerie stimmig dekorieren.

Material

Tortenständer mit Glashaube

feiner Kies

gemahlene Holzkohle (vom Zoogeschäft)

Blumenerde

Moos (vom Floristikgeschäft)

Kieselsteine

Sprühflasche zum Benebeln der Pflanzen

Pflanzen:

Hasenfußfarn (*Humata tyermanii*)

Zwergpfeffer (*Peperomia obtusifolia* 'Variegata')

Zebrakraut (*Tradescantia zebrina*)

1 Breiten Sie eine Schicht Kies auf dem Boden des Tortenständers aus. Die Ränder müssen frei bleiben, damit sich die Glashaube später gut aufsetzen lässt.

2 Verteilen Sie einige Schaufeln Holzkohlepulver über dem Kies. Das hilft, etwas unangenehme Gerüche zu reduzieren.

3 Schichten Sie die Erde als leicht gewölbten Hügel über dem Kies auf.

4 Decken Sie die Erde mit Moos ab und schneiden Sie die Kanten zurecht, sodass die Glashaube später noch gut schließt.

5 Rupfen Sie Löcher in die Moosschicht, um die Pflanzen einzusetzen. Danach das Moos um die Pflanzen herum fest andrücken.

Tipp:

Das Terrarium sollte warm, aber nicht im direkten Sonnenlicht stehen. Von Zeit zu Zeit muss die Haube zum Belüften der Pflanzen abgenommen werden. Halten Sie die Erde und das Moos stets feucht, aber nicht zu nass.

6 Arrangieren Sie die Kieselsteine auf dem Moos. Sparsam gießen und die Pflanzen mit der Sprühflasche befeuchten. Dann die Haube aufsetzen.

Kapitel 3

Nutzpflanzen in Gefäßen

Kräuter-Servierwagen

Ein mehrstöckiger Servierwagen ist eine feine Sache, um viele Kräuter auf engem Raum zu ziehen. Dieser Wagen wurde neu gekauft, aber auf Trödelmärkten gibt es auch schöne alte Modelle. Gemüseständer eignen sich ebenfalls. Wählen Sie nur Kräuter aus, die Sie tatsächlich gern verwenden und genießen.

Material

Servierwagen mit Rädern (und Ablagefächern mit Gitterboden)

schwarzer Plastikmüllsack zum Auskleiden der Fächer

feiner Kies

kleine Kieselsteine

Blumen- oder Kräutererde

Kräuter, beispielsweise:

Fenchel (*Foeniculum vulgare*)

Waldmeister (*Galium odoratum*)

Majoran (*Origanum majorana*)

Oregano (*Origanum vulgare*)

Petersilie (*Petroselinum crispum*)

Salbei (*Salvia officinalis*)

Thymian (*Thymus vulgaris*)

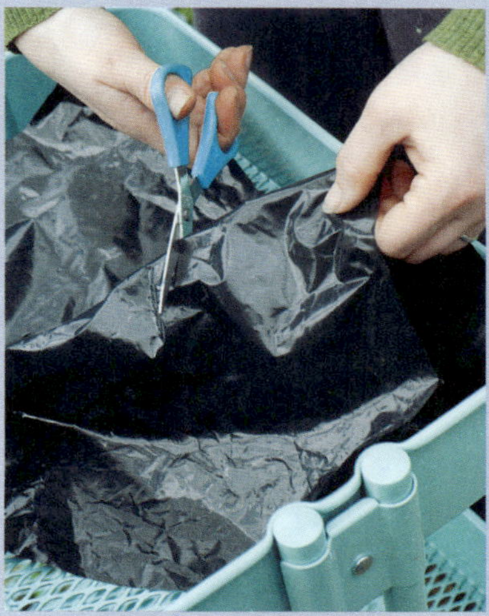

1 Schneiden Sie aus dem Müllsack passende Stücke, um die Ablagefächer des Servierwagens auszukleiden. Schlitze nicht vergessen, damit das Wasser ablaufen kann.

2 Breiten Sie den feinen Kies gleichmäßig auf der Sackfolie aus (rund 2–3 cm hoch). Legen Sie ein paar Kieselsteine darauf; sie verbessern die Dränage.

3 Füllen Sie die Ablagefächer jeweils etwa zur Hälfte mit Erde auf.

4 Nehmen Sie die Kräuter aus den Plastiktöpfen und schütteln Sie überschüssiges Substrat ab. Graben Sie kleine Pflanzlöcher und setzen Sie die Kräuter ein. Füllen Sie noch etwas Erde auf, bis sie fest stehen. Das obere Fach wird auf der gesamten Fläche bepflanzt, die unteren nur an den Rändern. Zum Schluss gründlich gießen.

Tipp:

Wenn Sie ausreichend gießen und während der Wachstumszeit alle paar Wochen etwas Dünger geben (siehe S. 10), können Sie monatelang frische Kräuter genießen. Ernten Sie regelmäßig Blätter und Triebe für die Küche.

Salat in der Wanne

Dies ist der perfekte Garten für einen Platz an der Hinter- oder Terrassentür. Er liefert im Sommer täglich frischen Salat und kommt mit wenig Platz aus. Ich habe dafür Pflänzchen gekauft; Sie können die Salate auch selbst säen bzw. vorziehen. Das ist preiswerter, dauert aber etwas länger bis zur Ernte.

Material

Zinkwanne

Tonscherben für die Dränage

Kies

Blumenerde

biegsame Zweige (optional)

Pflanzen:

Senfrauke (*Eruca vesicaria* subsp. *sativa*)

Pflücksalat (*Lactuca sativa* var. *crispa*)

Sauerampfer (*Rumex acetosa*)

Blutampfer (*Rumex sanguineus*)

Stiefmütterchen (*Viola* x *wittrockiana*)

1 Bohren Sie Dränagelöcher in den Boden der Wanne (siehe S. 8) und legen Sie einige Tonscherben darüber, um den Abfluss zu verbessern.

2 Verteilen Sie Kies auf dem Boden. Füllen Sie dann Erde bis knapp unter dem Wannenrand auf.

3 Der kleine Zaun aus gebogenen Zweigen ist kein Muss, verleiht der Wanne aber das Flair eines nostalgischen Küchengartens. Nehmen Sie etwa 40 cm lange Zweige, krümmen Sie sie bogenartig nach unten und stecken Sie die Enden fest in die Erde. Stecken Sie die weiteren Zweige rundum so hinein, dass sich die Bögen etwas überlappen.

4 Nehmen Sie die Pflanzen aus den Anzuchttöpfen, setzen Sie sie ein und drücken Sie die umgebende Erde an, sodass sie guten Halt haben.

5 Setzen Sie die Pflänzchen mit 3–5 cm Abstand. Ich selbst pflanze Salate immer sehr dicht, da ich vorzugsweise kleine, zarte Blätter pflücke; das bewegt einen auch eher zur regelmäßigen Ernte kleiner Mengen. Halten Sie die Erde gleichmäßig feucht und ernten Sie regelmäßig Blätter, um einer frühen Blüte und Samenbildung vorzubeugen.

Tipp:

Essbare Blüten bereichern die Wanne mit Farbtupfern und Salate als schmackhafte Dekoration. Probieren Sie Kapuzinerkresse, Ringelblumen und Zucchiniblüten. Die Blüten locken zudem Blattlausfeinde wie Marienkäfer an.

Regenrinnen-Garten

Dieser Garten basiert auf einer Methode, mit der manche Gärtner Erbsen vorziehen: Sie säen in Regenrinnen, um dann die Sämlinge in größere Gefäße umzupflanzen. Sie können schon die jungen Triebspitzen der Erbsen als zarte Sprosse genießen. Bunte Blüten und Blätter machen den Garten noch attraktiver.

Material

Regenrinne (2 Teilstücke mit 4 Endstücken)

Eisensäge

mittelgrobes Schmirgelpapier

Klammern und Schrauben zum Befestigen der Rinnen

Farblack für den Außenbereich und Pinsel

Bohrmaschine und Bohrer

Kies

Blumenerde

Pflanzen:

Zauberglöckchen (*Calibrachoa* Noa-Serie 'Tangerine' und *C.* Superbells-Serie 'Raspberry')

Senfrauke (*Eruca vesicaria* subsp. *sativa*)

rotblättriger Pflücksalat (*Lactuca sativa* var. *crispa*)

Römischer Salat (*Lactuca sativa* var. *longifolia*)

Taubnessel (*Lamium maculatum* 'Aureum')

Erbsen (*Pisum sativum*)

1 Sägen Sie mit der Eisensäge von der Regenrinne zwei rund 75 cm lange Stücke ab. Schmirgeln Sie die Oberflächen, Endstücke und Klammern rau, damit die Farbe gut hält.

2 Die Regenrinnen (nur die Außenseite), Endstücke und Klammern anstreichen. Streichen Sie, wenn nötig, eine zweite Schicht darüber und lassen Sie alles vollständig trocknen.

3 Suchen Sie nach einem guten Platz, zeichnen Sie die Stellen für die Bohrlöcher an und schrauben Sie die Klammern an der Wand fest.

4 Schieben Sie die Rinnenstücke in die Klammern. Befestigen Sie die Verschlussstücke an den Enden der Rinnen; sicher fixieren. Überstreichen Sie eventuell entstandene Kratzer nochmals mit Farbe. Bohren Sie ein paar Dränagelöcher in die Rinnen.

5 Verteilen Sie etwas Kies auf den Rinnenböden und füllen Sie darüber die Erde ein.

6 Nehmen Sie die Pflanzen aus ihren Plastiktöpfen oder Topfplatten; einpflanzen und gründlich gießen.

Tipp:

Bereichern Sie das Sommerangebot mit Senfrauke (Rucola) und kleinen Pflücksalaten. Wenn Sie diese Pflanzen regelmäßig von außen abernten, aber das „Herz“ schonen, liefern sie immer wieder neue Blätter nach.

BREAD

Beeren im Brotkasten

Ein großer, alter Brotkasten oder eine entsprechend tiefe Blechdose bieten einem Stachelbeerstrauch Platz für seine Wurzeln. Mit ein paar Erdbeeren zu Füßen der Stachelbeere machen Sie noch mehr aus diesem Mini-Obstgarten. Flatternde Stoffstreifen können ein wenig helfen, beerenliebende Vögel fernzuhalten.

Material

großer, emaillierter Brotkasten
Tonscherben für die Dränage
Kies
Pflanzerde
mehrere dünne Zweige
Schnur
hübsche Stoffstreifen
Pflanzen:
Erdbeere (*Fragaria* x *ananassa*)
Stachelbeere (*Ribes uva-crispa*)

1 Bohren Sie ein paar Dränagelöcher in den Boden des Kastens (siehe S. 8). Decken Sie die Löcher mit einigen Tonscherben ab.

2 Verteilen Sie ein paar Handvoll Kies auf dem Boden. Befüllen Sie den Kasten dann zu etwa zwei Drittel mit Erde.

3 Nehmen Sie den Stachelbeerstrauch aus dem Verkaufstopf – Vorsicht, kräftige Handschuhe anziehen! Lockern Sie die Wurzeln und pflanzen Sie den Strauch an die Rückseite des Kastens. Füllen Sie Erde auf, aber nicht zu viel: Zu tief sitzende Stachelbeeren bilden gern Ausläufer.

Tipp:

Düngen Sie den Stachelbeerstrauch im Winter oder zeitigen Frühjahr mit kaliumsulfathaltigem Dünger. Der Vorfrühling ist auch eine gute Zeit, um eine Mulchschicht aus Gartenkompost oder gut verrottetem Stallmist auszubringen.

4 Nehmen Sie die Erdbeeren aus den Plastiktöpfen und setzen Sie sie am vorderen Kastenrand ein. Füllen Sie Erde rund um die Pflanzen auf und drücken Sie diese fest. Gießen Sie alles gründlich.

5 Stecken Sie an den Kastenseiten je einen Zweig in die Erde und spannen Sie daran eine Schnur auf. Befestigen Sie an der Schnur etwa 30 cm lange Stoffstreifen, die beim Flattern im Wind die Vögel abschrecken.

Naschgarten für Kinder

Dieser kleine Garten sieht nicht nur hübsch aus, er ist auch prima für kleine Finger geeignet: Alle Pflanzen lassen sich leicht pflegen und die meisten sind essbar. Kindern macht es auch Spaß, Pflanzen selbst aus Samen anzuziehen und später einzusetzen. Ansonsten helfen Jungpflanzen aus dem Gartencenter weiter.

Material

Metallkorb

Tonscherben für die Dränage

Kies

Blumenerde

Wasserspeichergranulat (optional)

Pflanzen:

Ringelblumen (*Calendula officinalis*)

Erdbeeren (*Fragaria* x *ananassa* 'Sarian F1' und 'Merlan F1')

Sonnenblume (*Helianthus annuus*)

rotblättriger Pflücksalat (*Lactuca sativa* var. *crispa*)

Römischer Salat (*Lactuca sativa* var. *longifolia*)

Kirschtomate (*Lycopersicon esculentum*)

Purpurbasilikum (*Ocimum basilicum* var. *purpurascens*)

Petersilie (*Petroselinum crispum*)

Radieschen (*Raphanus sativus* var. *sativus* 'Cherry Belle')

1 Bohren Sie Dränagelöcher in den Boden des Korbs (siehe S. 8) und decken Sie die Löcher mit Tonscherben ab. Verteilen Sie eine Schicht Kies auf dem Boden.

2 Füllen Sie Erde ein, bis einige Zentimeter unter dem Korbrand, und mischen Sie, falls vorhanden, ein paar Handvoll Wasserspeichergranulat darunter. Es verhindert, dass die Erde zu schnell austrocknet.

Bluemels Lightweight

3 Nehmen Sie die Sonnenblume aus dem Verkaufstopf und pflanzen Sie sie in den hinteren Bereich des Korbs.

4 Arrangieren Sie die übrigen Pflanzen um die Sonnenblume, so dicht wie möglich. Gießen Sie alles gründlich an.

Tipp:

Düngen Sie mit einem Tomatendünger, damit die Tomaten- und Erdbeerpflanzen reichlich Früchte bilden. Ermuntern Sie Ihre Kinder, beim regelmäßigen Gießen zu helfen und öfter nachzusehen, ob die Erde noch feucht ist.

Hängende Kräutereimer

Frische Kräuter lassen sich einfach ziehen und sind eine großartige Bereicherung für die Küche. Hängen Sie die Eimer neben der Hinter- oder Terrassentür an dekorativen Haken auf. Halten Sie eine Schere griffbereit, um bei Bedarf jederzeit Oregano, Thymian oder Minze zu ernten.

Material

Zinkeimer oder -körbe (alle Metallbehälter mit Henkel sind geeignet)

Moos (optional)

Tonscherben für die Dränage

Blumen- oder Kräutererde

Haken und Schrauben

Kräuter, beispielsweise:

Ananasminze (*Mentha suaveolens* 'Variegata')

Goldoregano (*Origanum vulgare* 'Aureum')

Thymian (*Thymus vulgaris*)

1 Bohren Sie Dränagelöcher in die Böden der Eimer (siehe S. 8) und kleiden Sie Körbe mit Spalten innen mit Moos aus, damit die Erde nicht herausfällt.

2 Decken Sie in allen Gefäßen die Dränagelöcher mit ein paar Tonscherben ab.

3 Füllen Sie einige Schaufeln Erde ein. Nehmen Sie die erste Pflanze aus ihrem Plastiktopf und lockern Sie vorsichtig die Wurzeln; setzen Sie sie ein, füllen Sie genügend Erde auf und drücken Sie diese um die Pflanze fest. Gehen Sie bei den übrigen Gefäßen genauso vor. Zum Schluss alles gründlich angießen.

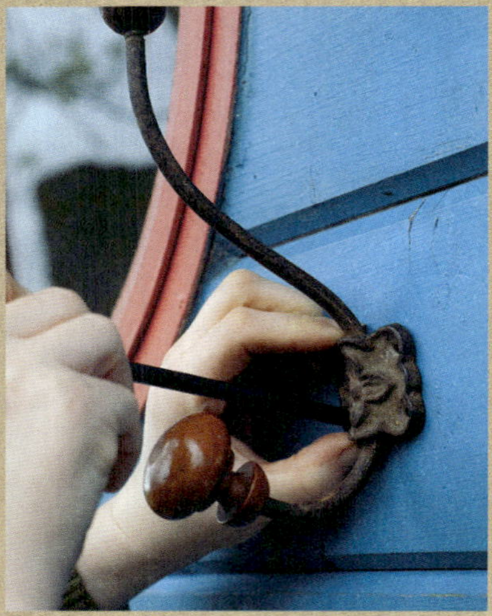

4 Schrauben Sie die Haken fest an die Wand und hängen Sie die Gefäße auf. Überprüfen Sie regelmäßig die Feuchtigkeit der Erde.

5 Ideal ist es, wenn Sie die Eimer in der Nähe der Küche aufhängen können, um jederzeit auf die Schnelle frische Kräuter zu schneiden.

Tipp:

Kontrollieren Sie oft die Feuchtigkeit, denn Hängegefäße trocknen schnell aus. Sollten sie einmal komplett austrocknen, stellen Sie die Eimer bis zum Rand in Wasser, für etwa 15 Minuten. Dann abtropfen lassen und wieder aufhängen.

E. SMITH & SONS
ALLHALLOWS

Gemüse in der Kiste

Um Gemüse anzubauen, brauchen Sie nicht unbedingt einen Garten. Freuen Sie sich auf frisches Gemüse aus einer großen Holzkiste, die auch noch hübsch aussieht. Die Ernte reicht zwar nicht für den ganzen Sommer, aber Sie können mehrere leckere Mahlzeiten aus eigenem Anbau genießen.

Material

Holzkiste

schwarzer Plastikmüllsack zum Auskleiden der Kiste

Tonscherben für die Dränage

Blumenerde

Quarzsand

kurzer Stab oder Bambusrohr

Pflanzenetiketten

Zweige als Stützen für Bohnen und Erbsen

Gemüsesamen:

Rote Bete (*Beta vulgaris* subsp. *vulgaris*)

Möhren (*Daucus carota*)

Buschbohnen (*Phaseolus vulgaris* var. *nanus*)

Erbsen (*Pisum sativum*)

1 Schneiden Sie ein paar Dränageschlitze in den Boden des Müllsacks und kleiden Sie die Kiste damit aus; den oberen Rand so weit wie nötig einrollen. Zur Sicherheit können Sie die Folie an den Kasten tackern, aber durch das Gewicht der Erde sitzt der Sack meist schon fest. Legen Sie Tonscherben über die Schlitze und füllen Sie Erde ein. Mischen Sie am Saatplatz für die Möhren ein paar Handvoll Sand unter.

2 Legen Sie den Stab auf der Erde aus – als Hilfsmittel, um an ihm entlang in gerader Reihe zu säen. Nehmen Sie ein paar Samen in die Handfläche und streuen Sie diese sparsam und möglichst gleichmäßig aus.

4 Stecken Sie ein beschriftetes Pflanzenetikett am Ende der Saatreihe ein und decken Sie die Samen mit etwas Erde ab. Säen Sie die übrigen Samen auf dieselbe Weise aus. In den Kasten passen zwei Reihen Möhren, zwei Reihen Rote Bete, zwei Reihen Erbsen und eine Reihe Bohnen. Erbsen und Bohnen werden mit rund 10 cm Abstand gesät (3 cm tief). Namensschilder nicht vergessen.

5 Feuchten Sie die Samen gründlich an, mit einer Gießkanne mit feiner Brause, damit sie nicht weggespült werden.

6 Dünnen Sie die Möhren- und Rote-Bete-Sämlinge nach dem Aufgehen auf einen Abstand von 5 cm aus, damit sie sich gut entwickeln.

Tipp:

Halten Sie die Erde gleichmäßig feucht. Kontrollieren Sie die Kiste abends regelmäßig auf Schnecken. Wenn die Bohnen- und Erbsenpflanzen größer werden, brauchen sie eingesteckte Zweige als Stützen bzw. Rankhilfen.

CONS

Bezugsquellen

Gartenversender

Diese Anbieter und Online-Versender führen ein umfangreiches Sortiment an Pflanzen und Samen, Zubehör, Pflanzgefäßen und Dekoartikeln:

Bakker Holland
22922 Ahrensburg
www.bakker-holland.de

Baldur-Garten GmbH
Albert-Einstein-Allee 4-6
64625 Bensheim
www.baldur-garten.de

Dehner GmbH & Co. KG
Donauwörther Str. 3-5
86641 Rain
www.dehner.de

Gärtner Pötschke GmbH
Beuthener Straße 4
41564 Kaarst
www.poetschke.de

Firma Lubera GmbH
Betrieb Konrad Dierks
Im Vieh 8
26160 Bad Zwischenahn OT Ekern
www.lubera.com

Bruno Nebelung Kunden-Service
ESH-Rhenania GmbH
Marienberger Straße 10
56470 Bad Marienberg
shop.nebelung.de

Olerum.de
VDG Service GmbH
Carl-Bosch-Str. 19
53501 Grafschaft
www.olerum.de
Online-Shop des Verbands deutscher Gartencenter; spezielle Sortimente an Terrassen- und Balkonpflanzen

prime factory GmbH & Co. KG
Abteilung Schneckenprofi
Itzehoer Straße 10
25581 Hennstedt
www.schneckenprofi.de

Saatgut- und Pflanzenversender

Samen-Frese.de/Hans-Jörg Durstewitz
Kreuzstr. 15
49124 Georgsmarienhütte
www.samen-frese.de
Saatgutversender mit großer Auswahl an Mini-Gemüse für Balkon, Terrasse und „Urban Gardening"

Treppens & Co
Berliner Straße 84 - 88
14169 Berlin
www.treppens.de
Saatgut- und Blumenzwiebelversender mit Mini-Gemüse-Sortiment für Kübel

Pflanzen1x1
Bergerholz 7
37194 Wahlsburg
www.balkonobst.de
Versand-Baumschule, die sich auf kleine Obstgehölze (Zwerg-, Säulen- und Beerenobst) spezialisiert hat

Schwerdtfeger Obstbaumschulen
Ziegeleiweg 1
25560 Warringholz
www.alte-obstsorten-online.de
Versand-Baumschule mit großem Angebot an Zwerg- und Balkonobst

Staudengärtnerei Gaißmayer GmbH & Co. KG
Jungviehweide 3
89257 Illertissen
www.pflanzenversand-gaissmayer.de
Gewaltige Auswahl an Stauden, Steingartenpflanzen, Blumenzwiebeln und Kräutern

Staudenkulturen Stade
Beckenstrang 24
46325 Borken-Marbeck
www.stauden-stade.de
Riesenauswahl an Stauden, Steingartenpflanzen und Kräutern

Lichtnelke Pflanzenversand
Katrin Bargest
Ochsenwerder Elbdeich 5
21037 Hamburg
www.lichtnelke.de
Große Auswahl an Stauden, Steingartenpflanzen und Kräutern; auch Zubehör und Dekoartikel

Pflanzgefäße, Zubehör, Deko

Manufactum GmbH & Co. KG
Hiberniastraße 5
45731 Waltrop
www.manufactum.de
Stilvolle Pflanzgefäße, rustikales Zubehör; kleines, aber erlesenes Pflanzenangebot (historische Sorten, kompakte Pflanzen)

Country Garden
ESH-Rhenania GmbH
Marienberger Straße 10
56470 Bad Marienberg
www.country-garden.de
Originelle Pflanzgefäße und Deko-Accessoires im ländlichen Stil

Jantuma Versand e.K.
Boschstr. 62-66
50171 Kerpen
www.jantuma.de
Pflanzgefäße, Zubehör und Deko-Accessoires im nostalgischen Look

Connexion Handels GmbH
Mörfelder Landstraße 35-41
63225 Langen
www.blumentopf24.de
Gewaltiges Sortiment an Pflanzgefäßen in allen Materialien und in vielen Stilen, Deko-Accessoires

Garten-Passion.de
Alexander Schwarz
Sangenweg 20
64589 Stockstadt
www.garten-passion.de
Sehr umfangreiches Angebot an Pflanzgefäßen und Dekoartikeln

Terrakotta Münster
Meisterbetrieb Schürenberg
Sprakeler Str. 216
48159 Münster
www.terrakotta-muenster.de
Schönes und umfangreiches Sortiment an Terrakotta-Gefäßen

Kreta Keramik
Erk Kanis
Fellholz 3
24364 Holzdorf
www.kreta-keramik.com
Große Auswahl an hochwertigen, handgemachten Terrakotta-Töpfen

Frank Handels-GmbH & Co. KG
Postfach 1149
66990 Dahn
www.frank-flechtwaren.de
Dekorative Pflanzkörbe, Blumensäulen und –hocker, Dekoartikel

Floristikbedarf

4Basic.de
Siegfried Schuster GmbH
Steinbachweg 2
04158 Leipzig
www.4basic.de
Großes Angebot an Töpfen, Körben und Zinkgefäßen, Zubehör (u. a. Erden, Moos) und Deko-Accessoires

Dekoheinz
Holger-Steffen Stapf
Elisenstraße 17
63739 Aschaffenburg
www.dekoheinz.de
Floristikzubehör (u. a. Moos), Pflanzgefäße und Deko-Accessoires

Spieker Floristenbedarf GmbH
Rother Straße 43
91126 Rednitzhembach
www.floristenbedarf.de
Floristikzubehör (u. a. Moos), Pflanzgefäße und Deko-Accessoires

Max Wiedenmann
Am Anger 1
86687 Kaisheim / Bergstetten
www.bastelspass24.de
Floristikzubehör (u. a. Moos), Pflanzgefäße und Deko-Accessoires

Danksagung

Ein großes, großes Dankeschön geht an Debbie Patterson für ihre wunderschönen Bilder, tollen Ideen und die Accessoires, die sie besorgt hat – und für den Spaß, den wir hatten. Gillian Haslam danke ich für großartige Unterstützung und Anleitung sowie für ihr Verständnis, dass man manchmal seinen Schreibtisch aufräumen muss, obwohl man eigentlich schreiben sollte. Die Arbeit mit Caroline West war ein reines Vergnügen; sie hat das Redigieren schnell und schmerzlos erledigt. Geoff Borin danke ich für das wunderschöne Design. Vielen Dank an Sally Powell von Cico für die tollen Locations und an Cindy Richards, die mir die Chance gab, mein erstes Gartenbuch zu schreiben. Ich danke Chloe Dahl für wertvolle Hilfe und handwerkliche Unterstützung bei den Holzarbeiten. Laurie, Gracie und Betty danke ich für Enthusiasmus, Ideen, Kreativität und alles andere.

Register